Volker Schoszwald

Alles Dada?

Dada ist wieder da!

Wer sind wir im Desinformationszeitalter?
Eine kreative Zeitanalyse

Dada ist ein Prozess, der jederzeit leben kann, wenn der Kontext es fordert und Menschen verunsichernde Ausdrucksformen finden und verwenden.

„Freiheit ist immer die Freiheit der Andersdenkenden, solange ich der Andersdenkende bin." Lila Monaco
„…Solange du DIE Andersdenkende bist!" Charly Liebherr

Schwabach, 2020

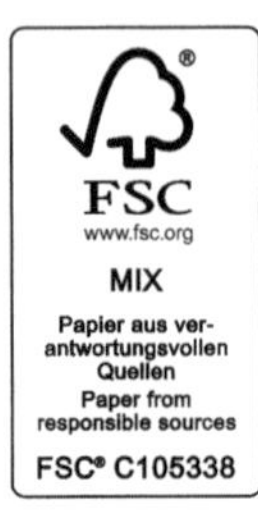

FSC
www.fsc.org
MIX
Papier aus ver-
antwortungsvollen
Quellen
Paper from
responsible sources
FSC® C105338

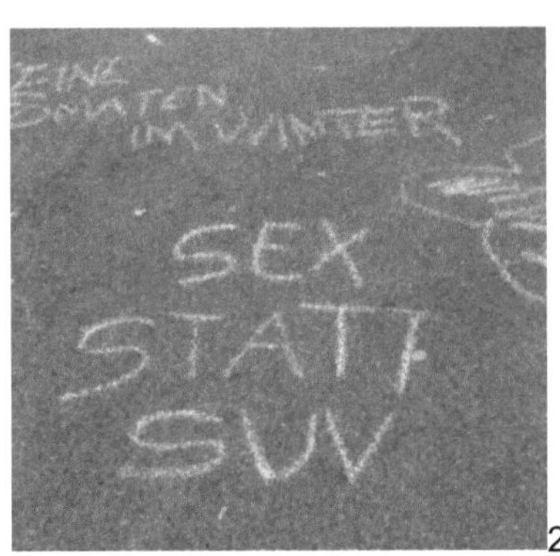

2019 „Friday For Future"-Aktion

Dada ist eine Reaktion auf den allgegenwärtigen irrationalen, sich rational gebärdenden Faschismus.

TWENTYSIX – Der Self-Publishing-Verlag Eine Kooperation zwischen der Verlagsgruppe Random House und BoD – Books on Demand

© Bilder Volks

© 2020 Schoßwald, Volker
Herstellung und Verlag:
BoD – Books on Demand, Norderstedt.
ISBN: 9783740765736

Wenn du nur noch jaulen kannst wie ein Hund, dem ein Elefant auf den Schwanz tritt, weil sie alle so hirnrissig agieren und reden, die Politiker, die Wirtschaftsbosse, die Gewerkschaft, die Wähler, dein Nachbar, seine Katze, seine Maus am Computer, die an der Hand seines bläkenden Fratzen festgewachsen ist, dann hilft nur noch eines: Dada.

„Alles Dada!?"? Herzlichen Glückwunsch. Bei Nebenwirkungen mach Percussion mit den Töpfen in der Küche, oder schnapp dir ein Papier, zeichne Unfug, oder zitiere unter deiner Haustüre ein Gedicht, das gerade erst entsteht oder… Auf alle Fälle: Agiere kreativ!

Es ist sinnlos, dazusitzen und zu warten bis der fremde
Friede kommt.
Das Boot des Lebens fährt weiter, wenn uns auch der
Schädel brummt.
Wir warten, und manchmal wachen wir ganz kurz wieder auf
Und sehn, daß sich nichts ändert am alten toten Lauf.

Und wir warten, und wir schlafen
und uns braven stummen Schafen
wird der Frieden und die Freiheit auch noch kommen,
zu den Dummen.

Und wenn ich Freitag nachmittag 'ne halbe Leiche bin,
dann lauf ich zu den Freunden, meinen roten Freunden hin.
Und wir schmeißen alle Pläne von der Weltrevolution
in die Ecke, denn wir haben schon sehr lang genug davon.

Denn ich bin ein Sandkorn,
das dem Boss ins Auge fliegt,
und wir Sandkörner sind vorn,
denn der Sand ist's, der siegt.

Wenn meine Frau nich mehr laufen kann,
Mein Vater nur noch saufen kann,
Mein Pfarrer nur noch taufen kann,
Dann kämpf ich trotzdem weiter.
Auf der nächsten Sprosse der endlosen Leiter.

1 Zur Einführung

In der siebten Klasse stellte uns die junge, in München ausgebildete und von mir sehr bewunderte Kunsterzieherin die Aufgabe, eine Collage zu erstellen. Da mir nicht nur die Lehrerin, sondern auch die Kunst am Herzen lag, gab ich mir große Mühe, schnitt aus, legte, klebte… und war am Schluss verzweifelt: Was für ein dummes, sinnloses Geschnipsel! Frustriert, empört, wütend griff ich zum Pinsel und übermalte meine Arbeit mit brauner Wasserfarbe. Das gab ich dann ab.

Wie verblüfft war ich, als mir die Lehrerin in der nächsten Stunde eröffnete, ich hätte auf meine Arbeit eine „Eins" bekommen. Eine Eins auf so einen Mist? Das verstand ich nicht.

Mit ihrem langen, wehenden Mantel war die kleine Frau, die sehr selbstbewusst durch das Schulhaus[1] eilte, eher eine Künstlerin als eine Pädagogin, aber sie konnte mir erklären, meine Aktion wäre ein schöpferischer Akt gewesen, was zu ihrer guten Bewertung führte.

Das verstand ich. Und ich verstand: Nicht alle Papierschnipsel, die ich aufklebe und braun übermale, sind Kunst. Zur Kunst gehört der Kontext und zu diesem Kontext gehörte in diesem Prozess ich.

Das war 1968, gut fünfzig Jahre, nachdem die Dadaisten an die Öffentlichkeit traten. „Dada" gehörte noch zur erlebten Wirklichkeit meiner kunstinteressierten Großeltern und blieb in meiner weiteren Entwicklung stets präsent. In „Dada" zeigte sich Kunst als provokative Innovation, ja als Aufstand gegen etablierte moderne Kunst. Dada protestiert gegen die Herrschaft von Kunstphilosophien in anarchischer Weise.

Dada protestiert gegen Herrschaft, wenn und weil sie ihre Macht missbraucht. Dada entblößt die verhüllte Macht des Bösen. Deswegen ist Dada ein Desiderat der Gegenwart. Oder anders: Fake-News der Machthaber müssen durch offensichtliche Fakes bloßgestellt werden. Dada ist ein Kampfmittel im Desinformationszeitalter.

Eine Speerspitze bildet in Deutschland der „Postillon" mit seinen drei Millionen Abonnenten. Das Geniale: Man kann mitmachen. Man kann

---

[1] Das Celtis-Gymnasium in Schweinfurt mit dem hervorragenden Kunsterzieher Isidor Huber. – Die Bewegung der jungen Lehrerin erinnerten mich an den Direktor der „Feuerzangenbowle", der dem Wahnsinn nahe durch das leere Schulhaus eilt!

konsumieren, aber viele ergreifen die Gelegenheit zu kongenialen Kommentaren. Eine besondere Sparte ist der „Faktillon", das Faktenportal.

Der „Postillon" ist de facto mit Fakten durchsetzt, zu denen diverse Links führen. In meiner anerzogenen Naivität versuchte ich, zu eruieren, ob die Selbstdarstellung stimmt:

Der Postillon

@DerPostillon

2,9 Mio. Abonnenten

Ehrliche Nachrichten - unabhängig, schnell, seit 1845 / Impressum: http://www.der- Postillon

Gibt es ihn tatsächlich seit 1845, also zunächst in Printform. Nein, das ist ein Fake. Dadurch wird auch „Ehrliche Nachrichten" als Information unglaubwürdig. Fake-News statt Fakten! Schockierend: Wenn man den Links folgt, findet man externe Ausgangsberichte, die das verspottete Faktum bestätigen. Tatsächlich ging die AfD schon mit „Berichten" an die Öffentlichkeit, die sie dem Postillon entnommen hatte und musste dann schamrot eingestehen, dass sie das Satirische nicht erkannt hatten.[2] Falsch: Sie waren nicht schamrot. Rot sind sie sowieso nicht. Scham kennen sie auch nicht. Sie sind im engeren Sinn des Wortes unverschämt.

Dada aus Facebook 2019:

> Feste & Events in Frankfurt an BER Flughafen
> Eröffnungsparty 1.April 2025
> Passend zum sinnlosesten Bauprojekt, gibt es jetzt den sinnlosesten Song der Welt 😂🙋
> Ab sofort bei Spotify, itunes und allen Streaming-Diensten!

Wir überspringen in diesem Buch hundert Jahre immer wieder einmal in die eine oder andere Richtung, oft genug mit Zwischenlandungen etwa bei den Beatles oder Frank Zappa. Zu Dada gehört Unterhaltsamkeit. Die kommt bestimmt nicht zu kurz.

---

[2] Als der Postillon, schrieb es würde eine Europäische Nationalmannschaft eingeführt, griff Beatrix von Storch (AfD) (Die Störche legen Wert darauf, dass sie kein langbeiniges Federvieh ist und Frösche nicht frisst, sondern küsst, um mal ein adeligen Prinzen abzubekommen) die Bundekanzlerin Merkel an, weil sie die EU-Staaten auflösen wolle. Hätte **der** Storch doch damals **die** Storch in einen Zauberkessel mit Hirn fallen lassen, aber nein…

„DADA"? Bei der Beschäftigung mit dem Dadaismus geschah etwas Wunderbares: Ich fand mich wieder. Möge es den LeserInnen auch so ergehen. Der **DADA** steckt tief in uns.

2   Dada, als ob es heute wäre

Dada.

DADA?

Hört sich verrückt an.

Ist so gemeint.

„Dada" äußert sich in einer Welt, die verrückt ist.

Was immer „verrückt" bedeutet.

Wörtlich wird etwas von einer Stelle zur anderen gerückt. Das macht man in Wohnungen – und genug sieht die Wohnung hinterher besser aus.

Manches wird „zurechtgerückt". Das klingt positiv.

Aber „verrückt" bedeutet auch: Im Denken stimmt es nicht mehr. So versteht sich Dada. Dada reagiert auf die Verrücktheit der rational argumentierenden „Welt", die sich verstandesmäßig im Recht fühlt, wenn alles zerbricht.

„Dada" heißt es, wenn der Verstand „gaga" ist. „Dada" heißt es, wenn der kollektive Verstand aus den Fugen gerät.

Sind wir damit in unserem Jahrtausend, Jahrzehnt, Jahr, Monat, Tag? Wir sind es.

„Nicht Dada ist Nonsens –

sondern das wesen unserer zeit ist Nonsens." [3]

Dieses Buch wechselt zwischen Gegenwart und Vergangenheit, ist synchron und diachron geschrieben, kann vieles nicht bringen und bringt anderes in ungewohnten Konstellationen. Es ist kein Sachbuch, wartet aber mit vielen Informationen auf. Es bezieht Stellung und bringt Wertungen. Dieses Buch verdankt sich all jenen Mächtigen in Wirtschaft, Politik, Juristerei und Journalismus, die der vernünftigen Argumentation den Boden entzogen haben und zugleich behaupten, sowohl vernünftig wie argumentativ zu sein. Wenn dabei allerdings das Leben auf der Erde,

---

[3] „Die Dadaisten". Nach D. Elger, Dadaismus S.24

der Friede auf der Erde und die Gerechtigkeit unter den Menschen zu Schaden kommt, sind Argumente nicht mehr vernünftig, auch wenn ihre Aneinanderreihung logisch erscheint. Da hilft nur noch Dada.

Wenn ich auf die Verrücktheit unserer guten westlichen Welt und ihrer Werte aufmerksam machen will, brauche ich nur den Namen „Trump" fallen zu lassen. Die Gesichter hellen sich auf: „Wir verstehen und wir fühlen uns verstanden."

Der demokratisch gewählte Präsident der mächtigen Vereinigten Staaten von Amerika[4] wird bei uns als jemand wahrgenommen, der Widersprüchlichkeit und offensichtliche Lügen hoffähig gemacht hat und der Amoralität als Selbstverständlichkeit praktiziert. Er ist in gewisser Weise ein ehrlicher Mann: Böse, unverschämt, gnadenlos, rücksichtslos – und dabei dumm vor Egoismus. Er ist demokratisch gewählt und vertritt so die US-Amerikaner, für die diese Eigenschaften „böse, unverschämt, gnadenlos, rücksichtslos" offenbar charakteristisch oder erstrebenswert sind.[5]

Ich schreibe dies an einem Jahrestag des sog. „Nine-Eleven", jenes berüchtigten Septembertages, an dem von Terroristen gesteuerte Flugzeuge die Twin-Towers in New York zerstörten. Der Umgang mit der Wahrheit durch G. W. Bush und D. Trump macht die offizielle Version der USA zweifelhaft, obwohl ich die Bilder damals aktuell im Fernsehen verfolgte und den Flug des zweiten Flugzeuges in den zweiten Turm dadurch miterlebte. Was damals geschah, war schlimm, verbrecherisch. Aber durch diese Bewertung ist die Schuldfrage bei weitem noch nicht geklärt. Und die Zahl der Todesopfer im eigenen Land (USA) ist marginal verglichen mit der Zahl der Todesopfer jener Kriege, in denen die

---

[4] Nach wie vor: Die USA sind der kleinere Teil von Nordamerika, dem kleineren Teil von Amerika. Amerikaner? Das sind Brasilianer, Argentinier, Kanadier, Mexikaner und viele mehr. Irgendwo reihen sich auch die Yankees ein.

[5] Allerdings leisteten sich die Deutschen einen Finanzminister, der durch freche Bestechlichkeit (Waffenhandel) auffiel und einen Kanzler, der die Namen der Leute, die ihn finanzierten, nicht preisgab. Die Herren Schäuble und Kohl haben unsere bundesrepublikanische Wirklichkeit so geprägt, dass manche von der Bananenrepublik Deutschland sprachen und damit die Wirklichkeit ziemlich genau trafen. Von der „geistig-moralischen Wende" unter Helmut Kohl hat sich Deutschland bis heute nicht erholt und die von ihm geförderte Raffgier (Motto: „Leistung muss sich wieder lohnen") führte zur Ausbeutung der Ex-DDR bei der Wiedervereinigung und ist damit eine der Ursachen des neuen Faschismus in den „Neuen" Bundesländern.

USA seit dem zweiten Weltkrieg eine Hauptrolle spielten – einschließlich jener Angriffskriege, die mit dem 9/11 begründet wurden.[6] Inzwischen twittern die „Amis" den Krieg oder den Frieden. Zu Deutsch hieße das „zwitschern".

Verführerisch seriös wirkte „Loriot"[7]. Ein Klassiker von ihm sind die Diskussionsbeiträge von Helmut Schmidt und Franz Josef Strauß, die Loriot als Karikaturen darstellte. Das ist eine leichte Form von Satire. Postwendet aber präsentierte er beide Politiker im visuellen Original. Dabei hört man ihre Stimmen, erkennt ihre Tonmelodien, versteht aber nur nichtssagende Laute. Engagierte Politiker ohne Inhalte: Das ist Dada pur.[8]

Für Loriots dadaistische Persiflage gibt es einen Vorgänger noch aus den dreißiger Jahren, als Charles Chaplin in seinem „Der große Diktator" Adolf Hitler nachspielte und ihm „deutsche" Diktion in den Mund legte. Er wählte ebenfalls Tonfetzen, rhythmisiert wie eine Hitlerrede. Wie später Loriot fügte Chaplin verständliche Worte ein: „Schnitzel", „Sauerkraut", „Strafen" - typisch deutsch, jedoch ohne Sinn. Dann hustet „Hitler" Töne oder Silben, rhythmisch mit ernsthafter Miene. Klassisch winkt „Hitler" den Applaus ab - und an. Die Zustimmung wird ab und angeschaltet.

Chaplin als Zeitgenosse der Dadaisten präsentierte sich in seinen frühen Stummfilmen grotesk. Beim „Diktator" stellte er in einem abendfüllenden Spielfilm mit Dada-Instrumentarium das Faschistoide bloß. Freilich erreichte er so weder die Faschisten noch ihre Anhänger. Dort fehlt das Gespür für die Bodenlosigkeit ihrer Welterklärung. Die faschistoid-paranoiden US-Amerikaner der McCarthy-Ära verfolgten Chaplin dann in den 50ern als „communist". Shame on you!

Ist Dada mehr Kunst oder mehr Politik?

---

[6] Damals kroch die aufstrebende Angela Merkel dem US-Präsidenten quasi in den Hintern, während Kanzler Schröder ihm widerstand..

[7] Victor von Bülow, 12.11.1923-22.8.2011

[8] Das enthält eine Parallele zu Heinrich Bölls „Dr. Murkes gesammeltes Schweigen", in dem Tonbandaufzeichnungen geschnitten werden und der Schneider alle Schweigezeiten aneinanderfügt. Das ist dada-esk, enthält aber politische Assoziationen an die Nazi-Zeit, von der mehr Schweigen überliefert wird als Inhalte – was die Äußerungen der Noch-Lebenden betrifft.

Dada ist Anarchie, rebelliert gegen Herrschaft als solche. In jeder Archie oder Kratie, ob Monarchie, Aristokratie oder Demokratie stecken Herrscher. Sie haben einen unterschiedlichen Werdegang – beispielsweise werden in der Demokratie die Regierenden gewählt. Aber sie sind allesamt Herrscher. Dabei wird gerade in unseren Demokratien deutlich, dass die Gewalt nicht eben vom Volk ausgeht, nicht einmal von den Regierenden, sondern von den Reichen oder noch entpersonalisierter von den Konzernen.

Doch nicht jeder, der sich anarchistisch gebärdet, versteht die Kunst, herrschaftsfrei zu agieren. Schon bei „Weltendada" Huelsenbeck erleben wir, dass die Anarchie in individuelles Herrschen umschlagen kann, wo einer sich dazu aufschwingt, darüber zu richten, wer ein richtiger „Künstler" oder ein richtiger „Dadaist" sei.

„Freiheit ist stets die Freiheit der Andersdenkenden", schrieb Rosa Luxemburg als Randbemerkung. Doch die Parole ist alles andere als einfach. Luxemburg forderte die politische „Schulung" des Volkes, um „Andersdenkende" auszuschließen. Sie postulierte, dass ihre Einsichten letztlich die Einsichten aller werden müssten. Gerade die erfolgreichen Sozialisten in Herrschaftsfunktionen pervertierten Luxemburgs Aussage: Andersdenkende ließ ein sozialistisches System nicht zu. Jeder, der denken kann, denkt einem Naturgesetz folgend sozialistisch. Das passt zu einer doktrinären Religion, aber nicht einer überzeugenden politischen Theorie: „Freiheit ist stets die Freiheit der Andersdenkenden. Die Andersdenkenden sind wir." DADA.

3 Dada, geboren aus dem Weltkrieg

„Dada" klingt wie „gaga" und ist auch so gemeint. Diese Anti-Kunstform entstand teils unabhängig in verschiedenen geographischen Brennpunkten. In Europa glühte der erste Weltkrieg und zerstörte alles, was als Kultur gilt, wenn Kultur den Menschen über das bloße Existieren hinaushebt. Als „Anti-Kunstform" verstand sich nur die organisierte oder definierte Form von Dada. Dada existiert völlig unabhängig von entsprechenden sozialen Formen als Ausdruck der Verzweiflung über die Existenz in einer sinnentfremdeten und sinnentfremdenden Gesellschaft. Als Gesellschaft fungiert alles: Familie, Dorf, Stadt, Staaten.

Im Weltkrieg zerglühte die Sinnhaftigkeit. Aber das geschah auch im dreißigjährigen Krieg wie in den Bauernkriegen und...

Im religiösen Bereich, seinerzeit noch eine relevante gesellschaftliche Dimension leistete der Schweizer Karl Barth mit seinem Römerbriefkommentar 1918 die Arbeit, radikal mit dem protestantischen Kulturpositivismus und seinen optimistischen Konzepten zu brechen. Der dialektische Theologe zerschmetterte das sogenannte „Gottesbild", die hybride „Gottesprojektion" (Feuerbach). Glauben geht nicht. Denn das würde eine Verfügbarkeit Gottes bedeuten. Wenn Menschen dennoch glauben, ist dies eine unmögliche Möglichkeit. Von Gott reden lässt sich ebenfalls nicht. Denn dadurch würde er fassbar. Den Unfassbaren kann das Fassbare nicht fassen. Diese epistemologische Wahrheit führte Barth radikal durch und zerstörte damit die bürgerlichen Gottesbilder.

Eine solche Zerschmetterung führten die Dadaisten mit den verschiedensten Methoden im Kunstbereich durch. Kunst schien Konvention und Konvention erschien in ihrer Folge als destruktiv und menschenverachtend, da sie den Ersten Weltkrieg produzierte. Zum Ersten Weltkrieg gehörten neue militärische Waffen wie Tanks, Flugzeuge und Giftgas. Der Erfinder des Giftgases, Fritz Haber erhielt später den Nobelpreis.[9] **DADA.**

Dada ist ein Kriegskind – wie eine Generation später die Mitglieder der Rolling Stones und der Beatles. Ringo Starr und John Lennon kamen zur Welt, als die deutschen Bomben über Liverpool niedergingen. Ihre Musik erlebten später die bürgerlichen Eltern als Affront. Jimi Hendrix, vorübergehend Bewohner im ehemaligen Haus von Georg Friedrich Händel in London, schaffte es, die US-Hymne in Woodstock mit seiner Gitarre zu zerreißen und in Kriegsgeräusche zu überführen. John Lennon war bei späteren Konzerten oft von den hysterisch kreischenden Zuhörern so genervt, dass er angefangene Sätze nur noch in Silben ausklingen ließ. Dada. Seine Zeichnungen wirken so und „in his own write" belegt:

---

[9] Allerdings für Forschungen für eine bessere Ernährungsgrundlage der Menschheit. Zu F. Haber siehe Volker Schoßwald, Wer bin ich? Dietrich Bonhoeffer als Seelsorger und Zeitgenosse; zu WK 1, Giftgas und Flugzeuge siehe Volker Schoßwald, „Rekrut am Rande eines Völkermords"

Dada kann sich immer wieder neu erfinden, es schlummert in der Künstlerseele wie ein „Schläfer" des Islamischen Staates.

Dada, das Antikonzept fungierte als die große Abrissbirne. Kunst durfte es nicht mehr geben. Da es aber immer Künstler geben wird... mussten Künstler sich verneinen und Tabula Rasa machen.

Die Abrissbirne trifft auf Dürers Brust, auf sein Herz, unter dem sich ein Levi's-Jeans-Etikett befindet. Seine Finger deuten auf die Abrissbirne wie die Finger von Johannes, dem Täufer auf Jesus[10]. Im Unterschied zu 1916 verfügen wir über Computer mit einer Software, die nicht nur täuschend echt kopieren kann, sondern auch locker ein Kunstwerk farblich verändert. Worin steckt heute die Kunst? Im Handwerklichen nicht mehr. Die Ideen machen den Mehrwert aus. Hätte Dürer einfach mit seinem Handy ein Selfie gemacht? Er demonstrierte bei Gemälden seine Genialität, aber nicht nur bei diesem Selbstbildnis ist die unübertroffene handwerkliche Substanz nicht das Entscheidende, sondern die Idee, die er mit ihr ausdrücken kann. Er malte sich wie einen Messias.

Die Abrissbirne hängt an der Schere, die letztlich ihren eigenen Faden, ihre eigene Schnur durchschneiden wird. Der Lebensfaden der „darstellenden" Kunst wird durchgeschnitten und damit die „Nabel"-Schnur der Künstler zu ihrer eigenen Herkunft. Unten liegt schon bereit, was gebraucht wird. Die Schere natürlich, sie hilft zu den Collagen. Gipsformen, geprägt mit Abfallprodukten, etwas zum Kleben, ein Feuerzeug, um etwas zu verbrennen Durch die Abrissbirne hindurch schimmert etwas Rotes: Ein Etikett einer Levis-Jeans, die der zeitbewusste Dürer vielleicht heute tragen würde, statt eines No-Go-Pelzmantels.

Die Dadaisten waren Ikonoklasten. Und Dürer? In gewisser Weise auch, denn er zerstörte seine Vorgänger dadurch, dass er einfach besser war. Dass er seine Werke signierte, zeugte nicht nur von Geschäftssinn, sondern von einem überragenden Selbstbewusstsein.

---

[10] Klassisch beim Grünewaldaltar in Colmar.

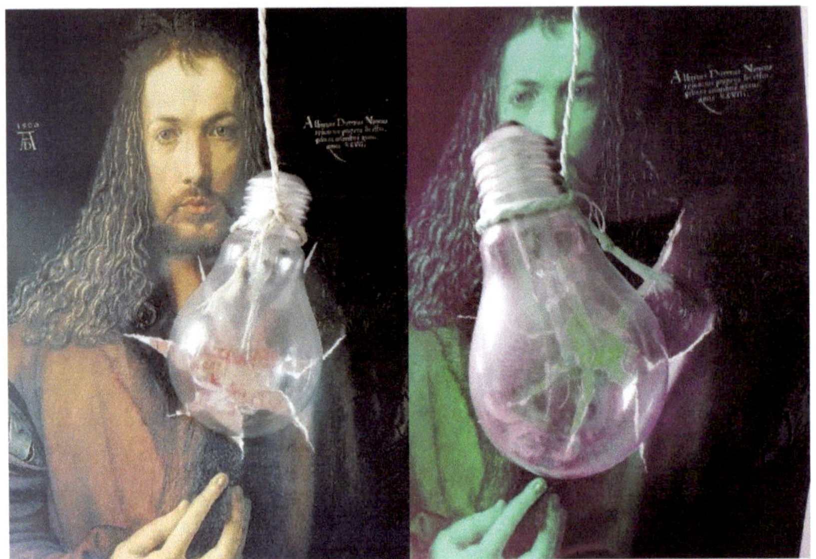

Die Birne gehört ins Stillleben mit den Äpfeln. Nun aber fungiert dADa sie zur Abrissbirne um:

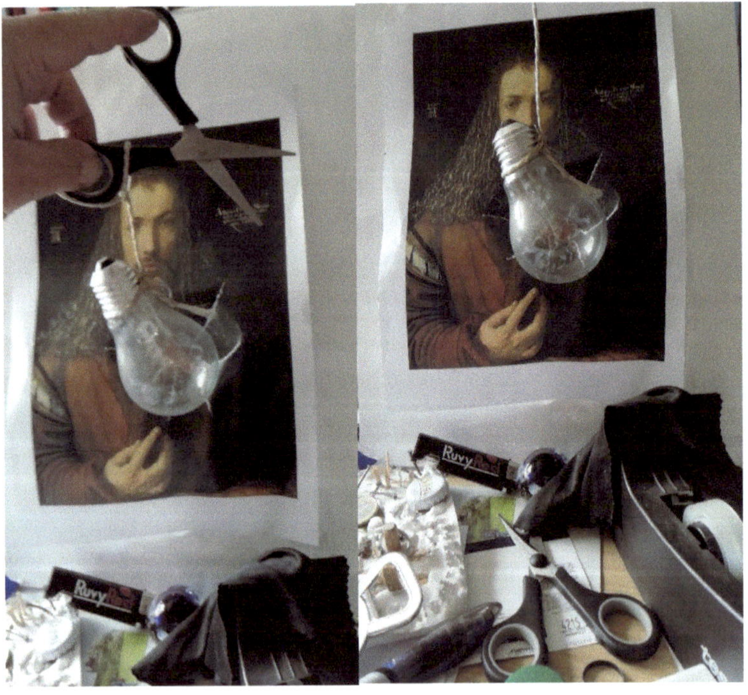

Sein „neuzeitliches" Selbstbewusstsein kumulierte in seinem Selbstbildnis als Messias. Er schreibt, wer er ist, lässt keine Zweifel aufkommen.[11] Aber er malt sich wie einen Idealmenschen und in einer Form, in der man den Christus vermuten könnte. Dürer vollendete Malerei. Was konnte da noch kommen? Seine späteren Leidensbilder könnten an den leidenden Christus erinnern. Das hat nichts Überhöhendes mehr an sich, sondern ist in den Niederungen eines Menschen, der körperlich geplagt, von Krankheit gezeichnet ist. Eine seine Selbstdarstellungen haben gar keine künstlerische Intention. Aus der Ferne schickt er sie seinem Arzt, damit der eine Diagnose erstellen kann.

Schauen wir noch einmal auf sein berühmtes Selbstbildnis, das er bereits 1500 malte. Es dokumentiert den aufbrechenden Individualismus, den Luther mit seinen Darlegungen zur Selbstverantwortung des Glaubens theoretisch und theologisch formulierte. Dürer malte sich optimistisch, eine Art „Übermensch". Wir wissen nicht, wie er wirklich aussah. Das Bild wirkt zwar wie eine hervorragende Fotografie, zugleich macht es einen stilisierenden Eindruck. Es zeigt vielleicht mehr Dürer, wie er sich fühlte als wie er tatsächlich aussah.

1517, als Luther mit seinen Thesen an die Öffentlichkeit trat, stellte sich ebenfalls in Nürnberg ein anderer Künstler so dar, wie er sich wahrnahm. Der geniale Veit Stoß schuf den „Engelsgruß", der in der Lorenzkirche hängt. Freischwebend im Raum und umgeben von den 55 Blüten des Rosenkranzes verkündet der Erzengel Gabriel der Jungfrau Maria die Geburt Christi. Dieses freischwebende Medaillon kostete den Auftraggeber Anton II. Tucher etwa so viel, wie Albrecht Dürer für sein Haus hinblätterte[12]. Über das Medaillon platzierte Veit Stoß Gottvater. Der wird aber nicht kraftstrotzend dargestellt, sondern eher leidend und ist noch dazu gebrandmarkt wie der Künstler selbst, ein Selbstbildnis in der Gottesdarstellung. Der große, gefeierte Veit Stoß fühlte sich ungerecht

---

[11] Im 16. Jahrhundert gab es Produktpiraterie. Dürer Drucke wurden oft kopiert – dazu brauchte man freilich Kopisten. Einfach in einen Drucker konnte man es nicht legen, man brauchte einen Bildstock, den ein mehr oder mindert kundiger Künstler gestalten musste. Das Dürer-Haus in Nürnberg kann sich keine Originale leisten, so stellt es Kopien aus. Beim Selbstbildnis sind es mehrere Kopien, an denen selbst der Laie große Unterschiede feststellen kann.

[12] Das waren etwa 500 Gulden.

behandelt, der leidende Gerechte… Wegen einer Schuldscheinfälschung, auf die eigentlich die Todesstrafe stand, war der gefragte Künstler gebrandmarkt worden Am 4.12.1503 stieß man ihm auf dem Hauptmarkt einen glühenden Stab durch beide Backen. Als er mit 70 Jahren den Engelsgruß schuf, waren die Brandmale noch zu sehen und die Schande hatte sich in seine Seele eingebrannt.

Das heißt pointiert: Die Nürnberger Künstler stellten sich als Messias und Gottvater dar. Sie traten aus der Anonymität heraus und gaben dem neuen menschlichen Selbstwertgefühl religiöse Dimensionen.

Vierhundert Jahre später wütet der Erste Weltkrieg und gehen die Dadaisten auf die künstlerischen Barrikaden. Sie schwingen die Abrissbirne auf eine Kunst, die den Niedergang der Menschheit nicht aufhalten konnte, eine Kunst, die in den menschenverachtenden Krieg führt. In diesen Krieg zogen August Macke und Franz Marc wie viele Kollegen begeistert, ja, sie gaben ihm sogar einen quasi religiösen Sinn.

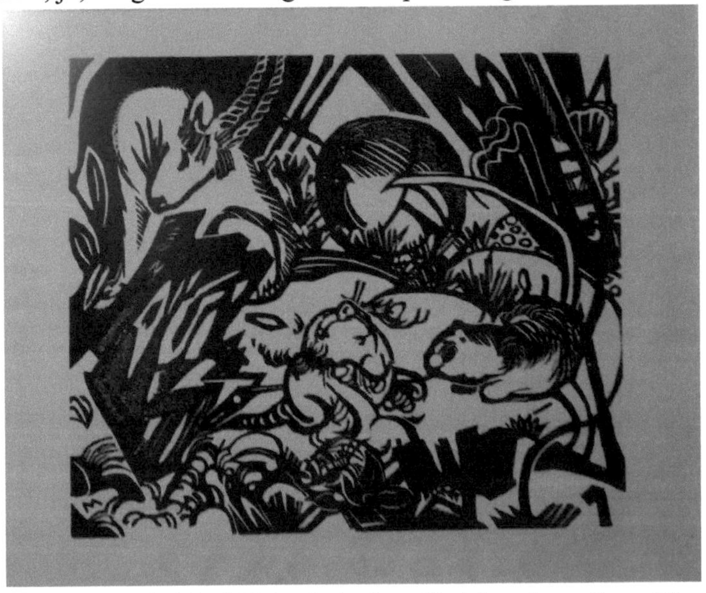

Dieser „entartete" Original-Holzschnitt des „Tierlebens" von Franz Marc, gedruckt 1919 hängt heute bei mir zuhause.

Marc war von der reinigenden Kraft des Krieges überzeugt. Hitler war im selben Krieg. Hitler überlebte. Soviel zum Thema Reinigung. Nach der „Machtergreifung" reinigte der österreichische Ober-Arier die

Kunst, symbolisiert durch die Münchner Ausstellung „Entartete Kunst". In dieser hingen natürlich Werke des entarteten Franz Marc, der im Unterschied zum „feldgrauen Gefreiten", wie Hitler sich gerne nannte, sein Leben ließ.

4 Dada? Was? Wo? Wann? Wer?

Was bedeutet „Dada"? Es gibt zahlreiche Legenden. Aus den Künstlerkreisen wurde kolportiert, dass die Legenden teilweise Produkte der Protagonisten waren.[13]

Was bedeutet „Dada"? Mein Großvater studierte seinerzeit Kunst, mehr am Jugendstil mit seiner dekorativen Ausrichtung orientiert. Seinen Erzählungen zufolge war „Dada" das Aufnehmen der Kleinkindsprache. Es bedeutet zunächst mal nichts Konkretes oder alles, auf das das Kind gerade zeigt. Zugleich sind Kinder unbefangen und machen auf Missstände aufmerksam, wie etwa bei „des Kaisers neue Kleider".

Die Dadaisten wollten auf etwas aufmerksam machen, das man schlecht in Worte fassen konnte, weil die Worte oft missbraucht wurden. Gerade den rationalen Umgang mit der Wirklichkeit hatten die kriegführenden Parteien pervertiert. Wer auf die Leichen eines Giftgasangriffes deutete und „Dada" sagte, brachte alles zum Ausdruck.

Die Dada-Zentren der Anfangszeit waren zugleich die Zentren des Endes. Dada konnte als Dauereinrichtung nicht leben, so wie auch der Gärprozess bei Wein einmal zu einem Abschluss kommt. Während gesellschaftlich „Dada" ein Zeit-Signal war, stellte es biographisch eine künstlerische Phase der Beteiligten dar.[14]

---

[13] Das erinnert an den späteren Poeten Bob Dylan (* 24. Mai 1941), der seine Vita einschließlich der Herkunft mit Legenden versah, die die Historiker vor die teilweise unlösbare Aufgabe stellte, zu unterscheiden, was real und was fiktiv war bei seinen Aussagen. „Blowin' in the Wind" fungierte als Hymne einer Generation, Literaturnobelpreis 2016.

[14] Seit 1913 war in Französisch-Äquatorialafrika Albert Schweitzer am Werk. Er war mitnichten ein Dadaist, sondern einer, dem es darauf ankam, die Wirklichkeit plausibel zu erschließen und zugleich einen dezidiert humanistischen Weg nicht nur zu proklamieren, sondern zu beschreiten. Kurz nachdem er in Afrika als Deutscher in einer französischen Kolonie mit seiner ärztlichen Arbeit begonnen hatte – wurde er als Feind interniert. Das leuchtete den Afrikanern nicht ein. Schweitzer erzählte, dass die Schwarzen überhaupt nicht verstanden, wie diese tollen Europäer, die als überlegene Kulturnation (Frankreich) Afrika ausbeuteten, so etwas wie diesen alles vernichtenden Krieg

Klassischerweise steht am Anfang **Zürich** mit Namen wie Hugo Ball, Emmy Hennings, Tristan Tzara, Hans Richter, Hans Arp und Richard Huelsenbeck. Alle waren Immigranten, alle flohen sie vor der Kriegsbegeisterung auch in der Kunst[15] und starteten am 5. Februar 1916 mit ihrem „Cabaret Voltaire". Sie stellten dort Bilder aus und boten ein Programm mit Rezitationen, Musikstücken, Gesangsnummern und nota bene dank Mary Wigman exotischen bis erotischen Tanzvorführungen.

Zurück in **Berlin** traf Huelsenbeck ein Jahr später Raoul Hausmann. Sie bildeten den „Dadaistischen Zentralrat der Weltrevolution" mit Huelsenbeck[16], Johannes Baader[17], Raoul Hausmann[18], Hannah Höch[19] und George Grosz. Grosz veränderte sogar seine Namensschreibung: „Grosz" statt „Groß". Johannes Herzfelde wandelte sich antinationalistisch zu John Heartfield und führte die politische Collage zum Durchbruch.

Die Gruppe veröffentlichte häufig Zeitschriften mit nur wenigen Nummern „Der Dada", „Der blutige Ernst", „Die Pleite", „Die freie Straße". Mit den Neugründungen schlugen sie der Nachkriegszensur ein Schläppchen, ein DADASchnäppchen. Sich selbst schlugen sie Schnäppchen mit ihren narzisstischen Kämpfen: „Die Heartfield-Herzfelde und Mehring beteten George Grosz, diesen Pseudorevolutionär an, Huelsenbeck betete nur Huelsenbeck an; obgleich er mit mir die meisten unserer 12 Manifestationen gemacht hatte, war er immer bereit, zu den Groszisten zu neigen. Auf der anderen Seite sonderte ich mich mit Baader ab, der unglücklicherweise zu oft von seinen religiös-paranoischen Ideen besessen war", analysierte Raoul Hausmann in den Sechzigern.[20]

---

führen konnten. Ihre Frage hieß: „Wer bezahlt denn all diese Toten?" Schweizer erlebte: Argumente versagen. Das Irrationale dieses Völkermordens rechtfertigen selbstgerechte Politiker, Militärs, Waffenproduzenten und Nationalisten angeblich rational. Die kriegsbegeisterte Bevölkerung, vor allem die jungen Männer verfügten über eine rationale Moral, deren Axiome man nicht hinterfragte. Da muss man die Sprache zerschlagen, die so etwas ermöglicht.

[15] Franz Marc, August Macke.

[16] „Centralrat der dadaistischen Bewegung in Deutschland" / „Weltdada"

[17] „Präsident des Erdballs"

[18] „Präsident der Sonne, des Mondes und der kleinen Erde (Innenfläche)" / „Dadasoph"

[19] „Dadasophin"

[20] Elger, Dadaismus, S.17

Im „Café des Westens" traf Raoul Hausmann Kurt Schwitters, der mit seinen „Merz"-Bildern einen eigenen Weg einschlug, den er letztlich mit seinem „Merz"-Haus in **Hannover** in die Architektur einbrachte.

Alfred F. Gruenwald hieß ein **Kölner** Künstler, der sich Johannes Theodor Baargeld nannte, Max Ernst blieb Max Ernst, obwohl er einige Zeit als Dadamax firmierte. Zu ihnen gesellte sich Hans Arp, der mit Züricher Impressionen nach Köln kam. Sie veranstalteten den „Dada-Vorfrühling" im Brauhaus Winter. Einer ihrer Schwerpunkte waren Zeitschriften wie „Die Schammade" („Dilettanten erhebt euch").

In Köln war auch Francis Picabia zu erleben. Der Franzose wirkte dann in **New York** zusammen mit seinem exilierten Landsmann Marcel Duchamp zusammen. Echter US-Amerikaner war Man Ray. Der Fotograf Alfred Stieglitz setzte Initialzündungen und der Boxer Arthur Cravan provozierte mit einem Koffer dreckiger Wäsche. Auch hier operierten die Dadaisten mit einer Zeitschrift „291". Ihre Dada-Beiträge waren stärker als die anderen in der bildenden Kunst beheimatet. Dafür steht vor allem der Begriff des „Readymade".

Paris war Anfang des 20. Jahrhunderts die eindeutige Hauptstadt der Kunst, nicht nur durch Picasso, Matisse, Dali und Braque. Kein Wunder, dass sich dort auch Dadaisten sammelten. Nach dem Ende des Krieges am 11.11.18 strömten nicht nur Franzosen in die Metropole. André Breton traf auf Tzara, Picabia und Duchamp. Max Ernst und Hans Arp lernten Man Ray kennen. Auch hier veröffentlichten sie Zeitschriften wie „Maintenant" oder Francis Picabias „391".

Doch der Krieg, der die Gegensätze durch ihre Gegnerschaft verschmolzen hatte, war zu Ende und die Biographien bewegten sich in neue Richtungen, nicht zuletzt zum Surrealismus, in den die Kreativität und Frechheit des Dadaismus einfloss.

4.1   Dada in Zürich

Zurück zum Züricher **DADA**: Weshalb hieß er „Dada"?

Die offiziellen Versionen der Entstehung des Begriffs „Dada" wirken gekünstelt, effekthascherisch und ziemlich banal. Man habe in ein Wörterbuch gestochen und das Messer sei bei Dada stecken geblieben. Man habe einen Künstlernamen für die Sängerin „Madame le Roi" gesucht

und ebenfalls das Wörterbuch bemüht. In beiden Fällen stünde „Dada"
für den Kinderausdruck für „Steckenpferd", also etwas zum Reiten, mit
oben und unten, und Reiter könnten zur Kavallerie gehören. Damit wäre
man wieder beim Krieg. Im Cabaret-Bereich gilt dies auch für Sex.

Eine Alternative zu diesen Legenden wäre das bekannte Haarwasch-
mittel „Dada" gewesen, das die Züricher Künstler verwendeten.

Oder ging es gar auf den französischen Anarchisten Alphonse Gallais
zurück, der 1903 eine seltsame Schrift veröffentlichte, in der er sexuelle
Stellungen beschrieb, die er als „dada" bezeichnete, ebenfalls mit dem
Hintergrund „Steckenpferd", wobei er hier das „Reiten" erotisch konno-
tierte?

Kurz, wir wissen es nicht, aber der Hinweis meines Großvaters gibt
eine verständliche Richtung vor: Die Intellektuellen haben versagt und
die erhellende Wirkung der Sprache zerstört. Erhellend deutet auf Aufklärung: Was die Aufklärung leistete, wurde durch gesellschaftlich relevante Sprachumwandler wieder vernebelt bis verdunkelt.

So bildet einen Schwerpunkt des Dadaismus entsprechend die Dichtung, die in Nonsense kumuliert, wobei Nonsense nicht nur sinnlose
Phrasen bedeutet oder unzusammenhängende Sätze, sondern teilweise
gleichzeitiges unverständliches Reden, das sogar die unverständlichen
Sätze ihrer Verstehbarkeit beraubt.

Nicht nur in Zürich war Dadaismus „angesagt". Freilich: „Dadaismus" als wertgeschätzte oder gar pekuniär erfolgreiche Kunst ist ein
Problem für sich selbst, da sie in den Markt, den sie in Frage stellt, selbst
eingefügt ist. Erfolgreiche rebellische Musiker mussten dies in ihrer
Branche erleben, so dass nicht wenige eine eigene Plattenfirma gründe-
ten, um ihre Vorstellungen realisieren zu können. Aber Marketing, Ma-
nagement und Werbung gehören zur Kunst. Wen wundert es, dass manche großen Künstler erst nach ihrem Ableben berühmt wurden: Ihnen
fehlten die Strategien, die man für den Erfolg braucht.

Was? Wo? Wann? Wer?

Dada will sich nicht definieren lassen. Das Ungebändigte will keine
Grenzen. Vielleicht gilt sogar: Dada ist immer und überall, wenn die
Gesetze der Kunst nicht mehr gelten, gesprengt werden, weil sie das
Feuer erstickt haben.

Manche Zentren ertönten jedoch lauter als andere. Zwar gilt Zürich als Geburtsstadt, aber einige Dadaisten wie Hugo Ball agierten vorher in München. Auch in Berlin brodelte Dada, sogar für Künstler aus Übersee. Köln bildete eine Mitte. Erstaunlich: Selbst in den USA konnte Dada entstehen.

Wer in die Ferne geht, entdeckt die Nähe in besonderer Weise. Betrachten wir die USA und Dada. Oft genug ist die US-Lebensweise zu nüchtern für Dada. Aber andererseits gibt es in den Vereinigten Staaten ein Konglomerat von Menschen, das europäische Wurzeln hat. Aus europäischer Sicht könnten die USA als solche dada sein.

4.2 Tristan Tzara

Balls Partner war Tristan Tzara. Tzara gesellte sich als Exil-Rumäne zu der aufbegehrenden internationalen Jugend in Zürich. Geboren als Samuel Rosenstok am 16.4.1896[21] und in ländlicher Umgebung aufgewachsen schickten ihn seine Eltern 1915 in die Schweiz, damit er nicht zum rumänischen Militär musste. Dort stieß er auf Hugo Ball und beide fanden zu absurden künstlerischen Bühnenformen. Rosenstok nannte sich Tzara und obwohl er programmatisches Reden ablehnte, verschaffte er dem Dadaismus als Etikette einer ganzen Bewegung zum Durchbruch mit diversen Manifesten. Anders als Ball war er ein extrovertierter Typ. Auf der Bühne ist es Gold wert, wenn man sich auffällig präsentieren kann. Zeitgenossen beschrieben ihn als grenzwertig lebhaften, niemals ruhigen Menschen.[22] Sein Vortrag ging oft in Schreien oder Schluchzen über. Die Performance verband er mit spontanen rhythmischen Aktionen, mit Trommeln auf alle möglichen Gegenstände. Dieses dreidimensionale übergefühlige Agieren verstörte das Publikum am Anfang des 20. Jahrhunderts immer wieder.

Nach dem Krieg kehrte Tzara nicht in seine Heimat zurück, sondern ging in die Künstlermetropole Paris, wo er u.a. mit André Breton dadaistisch tätig wurde. Nach der Entfesselung des spanischen Bürgerkriegs kämpfte Tzara auf kommunistischer Seite mit.

---

[21] Tzara verstarb am Heiligen Abend 1963 in Paris.
[22] Mich erinnert das an die Auftritte von Mick Jagger mit den „Rolling Stones". Da scheint ein ADHS-Typ ausleben zu dürfen, was er in er Schule unterdrücken musste.

Dort stand schon George Orwell als glühender Sozialist auf die Seite der spanischen Underdogs, bis die Stalinisten die Überhand bekamen und gnadenlos alle Kombattanten verfolgten, die nicht in der Moskau-Spur waren. Orwell ließ sich nicht von seinem sozialistischen Ideal abbringen und veröffentlichte bald Kampfschriften gegen den faschistischen Kommunismus der Russen. Zum Klassiker avancierte „Animal Farm", gefolgt von „1984".

Tzara unterstützte die Republikaner, deren Gegner Francesco Franco war, den Hitler und Mussolini protegierten, wobei sie ihr militärisches Arsenal erprobten. Franco gewann und das System änderte sich erst mit seinem Tod 1975. Da waren Mussolini und Hitler schon 30 Jahre tot.

In seinem Monumentalbild „Guernica[23]" brachte Picasso das Leiden der Zivilbevölkerung wie der Tierwelt unter dem Krieg bei der Zerstörung der Stadt Guernica drastisch zum Ausdruck.[24] 50 Jahre später stiftete Nelson Rockefeller eine Kopie als Wandteppich, die in der Eingangshalle zum Sitzungssaal des UN-Sicherheitsrates aufgehängt wurde. Kann Kunst politisch sein? Bei den Amis offenbar schon. Denn als 2003[25] der US-Außenminister Colin Powell[26] vor dem Sicherheitsrat seine Lügen über die Massenvernichtungsmittel in den Händen von Saddam Hussein verbreiten wollte[27], wurde das Bild verhängt. Die tollen Amis hatten Angst vor einem Bild, das ein halbes Jahrhundert alt war und Szenen aus dem „Alten Kontinent" zeigte. Zensur praktizierten die „Amis" schon im 1. Irakkrieg, als unter Bildern stand: ‚Zensiert von der US-Zensur'. Wie dada war das denn?! Ein Diplomat – also aus bürgerlicher Sicht ein berufsmäßiger Lügner – kommentierte: „Es ist kein ‚angemessener Hintergrund', wenn Powell oder der Botschafter der Vereinigten Staaten bei

---

[23] (1937) Die heilige Stadt der Basken Gernika wurde am 26. April 1937 von Flugzeugen der deutschen Fliegerabteilung Legion Condor und der italienischen Corpo Truppe Volontarie angegriffen.

[24] Erstaunlich: Das Bild war ein Auftrag der spanischen Regierung für den spanischen Pavillon der Weltausstellung 1937 in Paris.

[25] Eineinhalb Jahre nach dem 9/11 und in der Vorbereitung des unerbittlich mit Lügen angesteuerten Irakkrieges.

[26] Sein Chef war der kleine George Bush, genannt „W". Der musste, um seinem Vater zu imponieren, einen Irakkrieg gewinnen. Denn der alte Herr hatte es nicht geschafft.

[27] Das ahnte damals jeder: Hussein verfügte nicht über diese Massenvernichtungsmittgel. UN-Beobachter hatten dies bereits eruiert. Aber Fake-News sind das Fundament der US-Demokratie, auch vor der UNO.

den Vereinten Nationen, John Negroponte, über Krieg reden und dabei von schreienden Frauen, Kindern und Tieren umgeben sind, die das durch Bombardements verursachte Leid zeigen."[28] Klar. So ist es. Noch Fragen? Oder auch schon dada?

Orwell und Tzara trafen leider nicht aufeinander. Tzara kehrte nach Frankreich zurück und schloss sich bei der deutschen Invasion der Résistance an. Nach dem Krieg sympathisierte er mit Existentialisten. 1960 unterzeichnete er das „Manifest der 121", einen Aufruf zur Dienstverweigerung im Algerienkrieg. Der Text wurde zensiert, woraufhin Jean Paul Sartre zwei leere Seiten veröffentlichte. Da kann man viel denken.

4.3 Kneipe als Stammmutter

„Dada" präsentierte Hugo Ball im „Café Voltaire", einer Züricher Kneipe, nachdem er schon in München in Kneipen „Kunst" praktizierte. Kunst und Kneipe ist ein fruchtbares Thema, vor allem bei Poeten, aber auch bei anderen Künstlern, für die Kneipen notwendig für das Leben (Essen, Trinken, Schlafen) waren oder die sich dort austauschen und dabei inspirieren können. Startete nicht auch Bob Dylan in einer Kneipe?

Bei uns in Nürnberg erfüllte das „Gregor Samsa" diese Funktion. Dort verkehrte etwa Harri Schemm (*1958), der als studierter Künstler eine Richtung propagierte, die er: „Radikaler Provinzialismus" betitelte.

Kneipe als „Milieu" für Kunst? Von den zahlreichen bis zahllosen Beispielen benannte Dr. Andrea Dippel 2019 einige in ihrem Eröffnungsvortrag „Die Nürnberger Schule".[29] *„Der Maler Jörg Immendorff – Schüler von Joseph Beuys wie Peter Angermann – verortete die Bundesrepublik in seiner „Café-Deutschland-Serie" nach dem Vorbild Guttusos ab 1976 sogar in einer Kneipe. Dort findet sich die deutsche Kultur- und Politikprominenz in einem fiktiven Raum zusammen, der einer Diskothek ähnelt. Später sollte Immendorff in Hamburg ein eigenes Künstlerlokal betreiben: das „La Paloma"."* Natürlich denkt man auch sofort an Toulouse-Lautrec mit seinen Plakaten für Kneipen (Confetti, Divan Ja-

---

[28] Andreas Schäfer: *Bild gegen Bild.* In: *Berliner* Zeitung. 7. März 2003
[29] Dr. Andrea Dippel Rede zur Eröffnung der Ausstellung „Nürnberger Schule – führend in Malerei" am 25.10.2019 in der Kunstvilla. (zitiert aus dem Manuskript)

pones, Chat noire), oder Picasso mit „Els Quatre Gats", der Kneipe von Pere Romeu in Barcelona[30], in der aktuelle Bilder hingen, auch von ihm.

Welche Kneipe besuchte wohl 1916 Wladimir Lenin in seinem Züricher Exil[31]? In Lenins Straße auf der anderen Seite spielte Hugo Ball im „Club Voltaire". Lenin als Nachbar wirkt wie eine Persiflage des Schicksals. Später ließ der deutsche Kaiser den Russen im versiegelten Zug durch Deutschland nach Russland transportierten, damit er dort die Revolution durchführen konnte, von der Deutschland sich erhoffte, dass sie Russland so schwächt, dass es im Krieg keine Rolle mehr spielt.[32] **DADA**

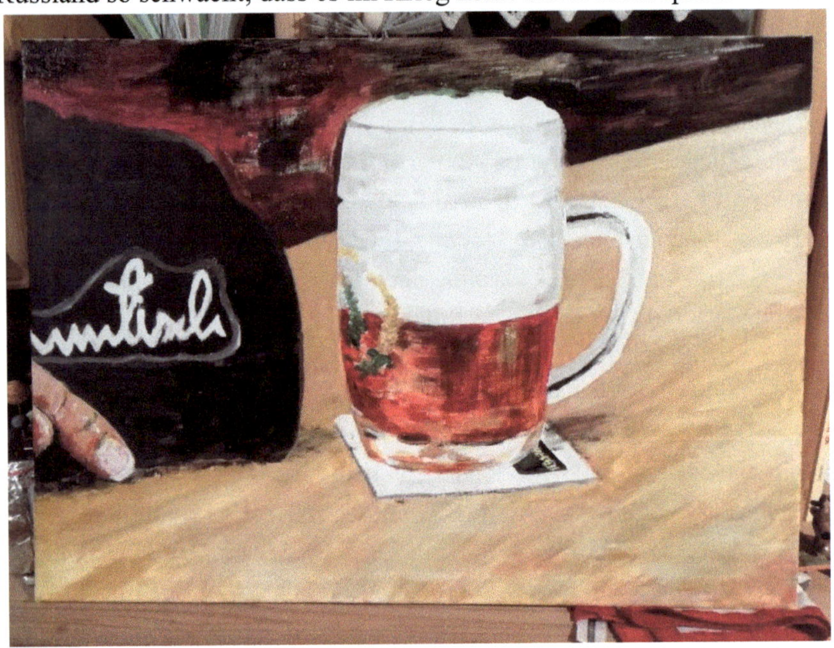

Nürnberg, „Palmengarten" in Gostenhof: Ein naturalistisches Bild von einem Bierkrug prangt über dem Stammtisch. Aus Copyright-Gründen habe ich selbst eines erstellt, damit Harri Schemm sich nicht ärgert. Das Bier ist von Lindenbräu, der Finger von Stammgast und Ortspfarrer Peter Bielmeier. Hier verkehren Nürnberger Musiker wie Ernst Schultz („Ihre Kinder", „Wundertüte"), Harry Trepte oder Keili Keilhofer.

---

[30] 1903 geschlossen. Heute nichts mehr für arme Künstler. 1978 renoviert und wiedereröffnet kostet ein Menü 19€ - passend für Bildungsbürger, schlecht für klamme Poeten.

[31] Lenin: Spiegelgasse 14, Club Voltaire: Spiegelgasse 1. Dazwischen liegen 77m, aber man muss die Straßenseite wechseln und ob Lenin einen Perspektivwechsel vertrug oder ideologische Scheuklappen trug, ist schwer abzuschätzen.

[32] Vgl. Schoßwald, Als Rekrut im ersten Weltkrieg

Auf längere Sicht war diese Aktion fatal! Die Kommunisten wüteten so schlimm wie die Nazis, nur Jahrzehnte länger. Ihren Rassenwahn wussten sie besser zu kaschieren. Minderheiten wurden stets verfolgt, ob es sich um ethnische oder religiöse Minderheiten handelte, von weltanschaulichen ganz zu schweigen.[33]

Lenin mit dem Kommunismus ist ein Paradebeispiel für Akteure, die Dada provozierten. Lenin führte mit Stalin die Kommunisten in Russland zum Erfolg und zur Macht. Aber was der sowjetische Kommunismus als „Freiheit" (Prawda) deklarierte entpuppte sich als Antagonismus zu unserem „Freiheit"sverständnis. Der Sozialist George Orwell setzte dies in seiner „Animal Farm" belletristisch in Szene. In „1984" (veröffentlicht 1948) pointierte er es durch die Gleichsetzung von „war is peace" und „love is hate", der Ersetzung der Begriffe durch ihr Gegenteil und die Umschreibung von Geschichte als Prinzip der Herrschaft.[34] Orwell wäre das Etikett „Dada"-Prosa zu banal gewesen, aber sein „New Speech" ist Dada pur.

Als Helmut Kohl mit der CDU / CSU in den 80ern seine moralische Wende proklamierte, setzte er genau dies um: Die Begriffe wurden einfach umfunktioniert. So polemisierte die Union gegen die Verstaatlichung und damit Enteignung durch Kommunismus, praktizierte aber die Privatisierung staatlichen Eigentums und enteignete damit die Bürger des Landes. „**DADA**". Im militärischen Bereich sollten die „deutschen Interessen am Hindukusch" verteidigt werden, was Kriegführung im Osten bedeutete. „Leistung muss sich wieder lohnen" bedeutete nicht, dass die Arbeiter mehr Lohn bekamen, sondern dass die Arbeitgeber weniger Steuern bezahlen mussten. „**DADA**".

Zurück aus dem tumben Bonn der 80er in das zerrissene Zürich von 1916. Mit der Diseuse Emmy Hennings parodierte 1916 Hugo Ball die

---

[33] Leider ist dieses Gift wieder in Deutschland eingedrungen durch migrierte Russen, die die deutsche Wirtschaft schätzen, aber auf russische Vorurteile nicht verzichten wollen und den Massenmörder Stalin patriotisch verklären. Dass Antisemitismus und Fremdenfeindlichkeit auch mit anderen Migrationsströmen eindringt, macht es nicht besser.

[34] Marc Chagall ernannten die Kommunisten nach der Revolution zum Kommissar für die Schönen Künste im Gouvernement Witebsk. Aber er musste erleben, dass der Kunst diktiert wurde, wie sie zu sein habe. So flüchtete er über Berlin nach Paris, wo es im Unterschied zu Moskau Freiheit der Kunst gab. Das erlebte auch der linke Bert Brecht, weshalb er bei seiner Flucht nicht in Moskau blieb, sondern in den USA landete.

etablierte Kunst. In der Schweiz tummelten sich Intellektuelle vieler Nationen, denen der Krieg ein Gräuel war, wie Tristan Tzara aus Rumänien, ein Dichter, der in Balls Cabaret auftauchte. Tzara brachte Bewegung mit und bald wurden Rhythmen eingesetzt, bei denen es reichte, auf leere Kisten zu schlagen. Das Publikum war befremdet. Man darf nicht unterschätzen: Hier brachten Menschen aktuell etwas auf die Bühne, greifbar und real. Die Künstler verlasen keine Manifeste, sondern produzierten Manifestationen einer Einstellung.

Hugo Ball präsentierte Gedichte, die sich auf Töne beschränkten oder von mehreren Personen gleichzeitig mit unterschiedlichen Lauten vorgetragen wurden, so dass sich kein Sinn einstellte: „Mit diesen Tongedichten wollten wir verzichten auf eine Sprache, die verwüstet und unmöglich geworden ist durch den Journalismus. Wir müssen uns in die tiefste Alchemie des Wortes zurückziehen und selbst die Alchemie des Wortes verlassen, um so der Dichtung ihre heiligste Domäne zu bewahren."

Für Hugo Ball war die Inhalte transportierende Sprache durch Journalisten verwüstet worden. Das bringen auch die Militärs, die von „Kollateralschäden" sprechen, wenn unschuldige Menschen im Krieg getötet werden. Das praktizieren spiegelglatzige Krawattenträger in der Wirtschaft, die von „Umstrukturierungen" oder „Verschlankungen" sprechen, wenn Menschen in die Arbeitslosigkeit entlassen und die existenziellen Grundlagen von Familien zerstört werden.

Was geht inzwischen bei „Die Gedanken sind frei" ab, wenn ich es bei Seniorennachmittagen zur Gitarre begleite? Das einstige Revolutionslied („Geben Sie Gedankenfreiheit, Sire!") wird inzwischen gefühlsduselig von Leuten gesungen, die sich nur ihren Teil denken, aber ausschließlich im Kreis Gleichgesinnter auszusprechen wagen. „Die Gedanken sind frei" pervertierte zum Ausdruck der Unfreiheit und zugleich der Feigheit. Dem Ursprung des Liedes wird nur noch gerecht, wer es persifliert.

Christian Morgenstern schrieb 1905 „Fisches Nachtgesang" als knallharten Realismus. Fische singen ohne Töne. Oder es ist DADA.

5 Dada YouEsAy und Dada Zappa

Am Anfang des New Yorker Dada stand der Fotograf Alfred Stieglitz[35]. Der junge Mann mit deutsch-jüdischen Wurzeln entfaltete seine Kunstphilosophie: Fotografie bedeute statt der Wiedergabe von Wirklichkeit die Schöpfung von etwas Neuem. In jungen Jahren fand er bei einer Europareise Zugang zu fortschrittlichen Künstlern. Er brachte deren Werke in die USA und stellte sie in seiner „Galerie 291" aus.

Zu ihm stießen Emigranten wie Marcel Duchamp[36], der aus Frankreich stammte. Duchamp verkehrte schon als junger Mann mit Guillaume Apollinaire. Mit Ferdinand Leger erlebte er bei einer Technikausstellung in Paris die Perfektion der Technik. Leger zerlegte daraufhin in seinen Bildern Menschen in maschinenähnliche Teile, Duchamp hingegen fand das Ende der Malerei gekommen, weil Technik perfekter war.

Duchamp stellte 1913 auf der Armory Show sein Gemälde „Akt, eine Treppe herabsteigend Nr. 2" aus. Mit diesem phantastischen, kubistisch animierten Bild konnte er Lyonel Feininger[37] das Wasser reichen. Doch durch seine Begegnung mit der ästhetischen „perfekten Technik"[38] und nach der Skandalisierung seines „Aktes" wandte er sich von der Leinwandmalerei ab und diffamierte sie als „olfaktorische Masturbation". Photographie und Film böten bessere Darstellungsmöglichkeiten für „Lebendigkeit".

Also nahm er fertige, insofern perfekte Gegenstände und machte sie zur Kunst. Duchamps Erklärung, bereits die Auswahl eines Gegenstandes sei ein künstlerischer Akt, wurde als skandalös erlebt (1914). Er verwirklichte einen Prototypen, indem er ein Fahrrad kaufte und das Rad, die Vordergabel mit einem Holzhocker kombinierte. Dieses „Readymade" führte 1913 zu einer Art Dada-Durchbruch. Bei Frank

---

[35] 1.1.1864 – 13.7.1946

[36] 28. 7. 1887 - 2. 10. 1968

[37] 17.7.1871-13.1.1956, geboren und gestorben in New York, tätig aber auch bei der Berliner Secession und beim Bauhaus. Die Entartung der Politik durch die im Volk verwurzelten Nazis führte zu seiner Auswanderung 1936 in die USA.

[38] Damit ist Technik im industriellen Sinne gemeint.

Zappa finden wir fünfzig Jahre später das Fahrrad als Hilfe zum Durchbruch wieder.[39]

Klassisch ist Duchamps Readymade „Mona Lisa" mit einem Schnurrbart. (1919) Provozierend wie entzaubernd für die Kunst war das Urinal, das er kaufte und signierte. Er definierte es als Kunst, bezeichnete es aber zugleich als „Nichts". In diesem „Nichts"[40] befindet sich unser Leben. Das symbolisieren diese Werke.

1936 trug er in New York zur Ausstellung „Phantastic Art, Dada, Surrealism" bei. Sein Thema „Readymade" gehörte dreißig Jahre später zum künstlerischen Kontext von Andy Warhol[41], der ihn 1966 in einem Film porträtierte. Dieser Film deutet in die Ursprünge des New Yorker Dadaismus zurück, wo Fotografie und Film nicht zur Reproduktion, sondern zur neuen Erschaffung von Wirklichkeit verwendet wurden.

Der „echte Amerikaner" Man Ray gehörte in diesen Kreis, ging aber wie Duchamp bald nach Paris und erklärte später, realistisch betrachtet habe es nie ein New-York-Dada gegeben. Die Idee des Skandals und der Provokation als eines der Prinzipien von Dada sei dem amerikanischen Geist völlig fremd gewesen. Damit könnte er Recht haben. Die USA sind ein geschichts- und damit kulturarmer Staatenverbund, dessen (kollektive) geistige Haltung an ihren Äußerungen gemessen oft infantil wirkt oder mitunter pubertär, wenngleich zu Pubertät klassischerweise Provokation gehören würde. Im Hinblick auf die individuellen Entwicklungen unterscheiden sich Bürger der USA vermutlich nicht wesentlich von anderen Mitgliedern der Species Homo Sapiens. Vielleicht müssen wir nur Kriterien modifizieren und andere Linien betonen.

Fünfzig Jahre nach dem Aufbruch des Dada entwickelten sich auf US-Boden neue dadaistische Richtungen. Frank Zappa perfektionierte die Parodie und Persiflage von US-Kultur. Natürlich prägten Zappa seine europäischen Wurzeln: Der Vater Sizilianer, die Mutter Neapolitanerin, das riecht nach Maffia und Cosa Nostra. Dass der Vater für das US-„Verteidigungs"-Ministerium arbeitete, passt in diese verdeckt kriminelle Tradition. In der Jugendzeit von Frank verteidigten die USA ihr Territo-

---

[39] Das Gebimmel bei „Bicyle" („Queen") war 20 Jahre später nicht wirklich innovativ.
[40] Für Philosophen wie auch für Physiker ist „Nichts" ein ganz spannendes Thema.
[41] Belletristisch verarbeitet: Volker Schoßwald, „Lucy, der Himmel und ich"

rium gerade in Korea. Später mussten sie es in Vietnam verteidigen. Bis heute mussten sich die USA immer im Ausland verteidigen. Als es beim sog. „Nine/Eleven" mal richtig eng wurde zogen sie die Verteidigungslinie bei Bagdad, also unmittelbar vor ihrer Haustüre. Der Sohn eines Sizilianers, der für die US-Army arbeitete? Aus dem Jungen konnte nichts Gutes werden, bei diesen genetischen und sozialen Vorgaben.

Franks Song „Bobby Brown", der den „All-American-Boy" persiflierte, mutierte gegen die Intention seines Textes sogar zum Hit. Das ging gar nicht. Fans generierten sich aus den Leuten, deren Einstellung Frank bloßstellte. Er teilte die Erfahrung der ersten Dadaisten in Zürich: Erfolg desavouiert Dada.

Dabei prägte ihn das entgegengesetzte Erlebnis: 1965 wohnte er mit seiner Freundin in seinem Musikstudio „Studio Z" und erhielt den Auftrag, für eine „Herrenparty" ein Band mit sexuellen Geräuschen zu produzieren, was er auch tat: Sex im Studio. Als das Band übergeben werden sollte, outete sich der Auftraggeber als Detektiv der Bezirkspolizei. Zappa kam hinter die Gitter von „Zelle C" wegen „Verschwörung zur Pornografie". „Bobby Brown" wurde wohl seine gelungenste Rache: die US-Konsumenten kauften seine Perversitäten.[42] „God, I am the American dream… a son of a bitch." singt The All-American-Boy Bobby Brown, während der Slow-Rock mit Soft-Pop-Klängen versehen wird ("oooh") und Bobby Brown, der nicht weiß, ob er Mann oder Frau ist, von einem Männerchor gesungen wird und auf seinen Sexpartner uriniert. Ein Mensch als Urinal. **DADA**.

Bobby Brown erschien auf Zappas erfolgreichstem Album "Sheik yerbuti" (1979). Hier arbeitete er mit Verfremdung. Wer den Titel nur hört, hört „Shake your booty", „Schüttel deinen Hintern". Doch Zappa schrieb nicht nur „Sheik", sondern ließ sich auch als Scheich abbilden.

Bei „Rubber Shirt" setzte Zappa seine „Xenochronie" ein, in dem er zwei Tonspuren übereinander legte, die zu verschiedenen Zeiten aufgenommen wurden.[43] Das ist durchaus dadaesk.

---

[42] Wobei ihnen die Europäer, vor allem die Norweger deutlich voraus waren.
[43] Dem Album liegen im Studio überarbeitete Live-Aufnahmen zugrunde.

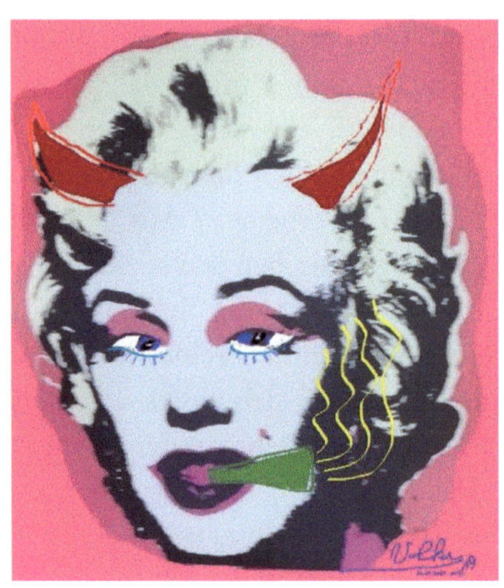

Readymade Mary-Lyndada dadadiert 2019, UrinalDa signiert 2019

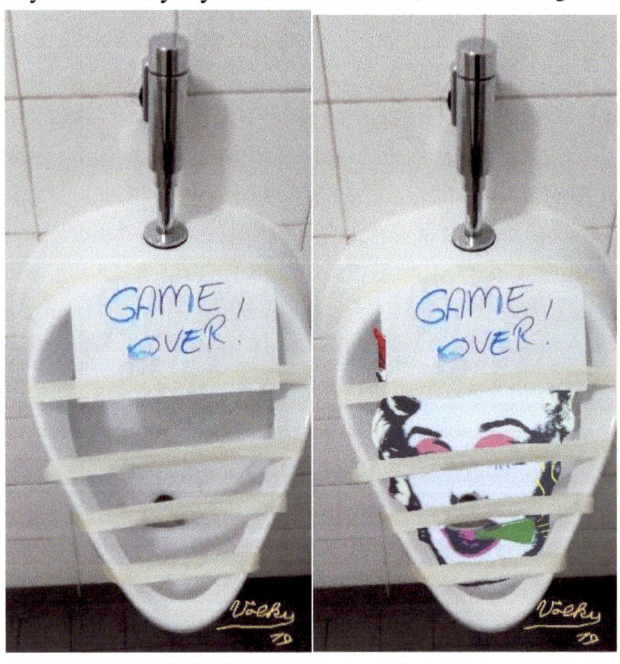

Skurril mutet sein Auftritt in der Steve-Allen-Show 1963 an. Er präsentierte dort sein „*Concerto for Two Bicycles*". Beim „Concerto" experimentierte er mit Klängen und ungewöhnliches Material: Fahrrad! Dabei benutzte er zwei Fahrräder instrumental, beispielswiese die hohle Lenkstange, um Töne zu blasen oder auch die Fahrradspeichen, teilweise als Metallophon. Einige Passagen lang unterstützte ihn der Moderator mit einem Kazoo. Dann griffen weitere Musiker ein und im Hintergrund spielte ein kleines Orchester unorthodox, aber gezielt. Wie weit dies alles wie beim späten Zappa durchgeplant war, ist schwer zu erkennen.

Einige Jahre später boten die Beatles etwas ähnliches, als sie mit zwei Komikmoderatoren clownesk musizierten und ein Moderator stets Bingo oder Dingo zu Mr. Starkey sagte. Die Liverpooler wiederum stimulierten Zappa zu dem schrägen Album „We're Only in it for the Money", das auch als Parodie verstanden wurde. Musikalisch und textlich zeigen sich keine offensichtlichen Verbindungen, aber das Cover ist eindeutig an Sgt. Pepper angelehnt.[44] Mit seiner Musik reagierte Zappa auf die Hippieszene, der er nahestand, die ihn aber durch ihre Banalität nervte.

So kontrastierte er banale Melodien und Textfetzen durchgehend mit kakophonen Klängen. Nach wie vor war Amerika (=USA) seine dunkle Folie. So erschien immer wieder eine Stimme „I'm the Indian in the Band", was die „political correctness" der Medienlandschaft parodierte. Die großangelegten TV-Serien mussten bestimmte Bevölkerungsgruppen repräsentieren, also Hispanoamerikaner ebenso wie Farbige vertreten sein. Dass „Indianer" auch zu den US-Amerikanern gehörten, hatte sich bis Hollywood und in die TV-Studios noch nicht durchgesprochen. Der unbefangene Eric Burdon, Engländer und Animal sang ein Loblied auf San Francisco, wo er noch nie war, wobei er aber den Leuten dort erklärte, er müsse ihnen endlich beibringen, wie toll ihre Stadt ist. Dann singt Burdon von der Vielfalt der Amis „includes Indians too".[45] Das ist bei dieser Hymne schon schwarzer britischer Humor der feinsten Sorte.

Ungewollt fand Frank Zappa Eingang in die Mythen der Rockmusik. Der Rockklassiker „Smoke on the Water" von Deep Purple mit seinem Jahrhundert-Riff erzählte die Geschichte vom Brand der Bühne Frank Zappas („and the Mothers of Invention") in Montreux in der Schweiz,

---

[44] Einige Effekte tauchen auf dem weißen BEATLES-Album bei "Revolution Nr.9" auf, etwa das Verstellen eines Radiosenders. Seinerzeit musste man dazu an einem Knopf drehen und ging die Wellen sukzessive durch, bekam also zwischendurch Rauschen oder eine Welle, die man bestimmt nicht suchte.

[45] San Franciscan Nights: „This following program is dedicated to the city and people of San Francisco, who may not know it but they are beautiful and so is their city… The children are cool They don't raise fools, it's an American dream includes indians too."

bei der die Band ihr Equipment verlor.[46] Die Ausstattung des Megakünstlers ging in Rauch auf und daraus erhob sich der Stern der New-Comer „Deep Purple". **DADA.**

Warum interpretierte Zappa, der ansonsten eher zu Collagen neigte, einen Beatlessong nahezu original? Bei „I'm the walrus" hielt der Sänger auf der Bühne ein Plüschwalrösschen im Arm.[47] An Stelle einer Parodie griff Zappa es in seiner dadaistischen Dimension auf, die dank der Bühnenshow noch deutlicher wird als bei den Beatles in „Magical Mystery Tour". Es lohnt sich, das Walross[48] genauer unter die Lupe zu nehmen.

Lennons Zeilen enthalten klassisches Dada, falls es so etwas geben darf: „I am he as you are he as you are me And we are all together" stellt das Ego wie auch die Community in Frage. „Sitting on a corn flake Waiting for the van to come" artikuliert die surrealistische Komponente von Dada. "Corporation T-shirt, stupid bloody Tuesday…" lässt eine Vorahnung auf "Come together" erscheinen. In den Refrain werden die Hörer eingeschlossen: "I am the egg man They are the egg men I am the walrus Goo goo g'joob". Das Ganze verbanden die Beatles mit einer gespenstischen Musik.

Zappa verfügte nicht nur über sizilianische Eltern: Sein Vorbild Edgar Varèse bringt italienischen Migrationshintergrund mit[49]. Varèses musikalische Stationen begannen mit der Kindheit in Turin, als junger Mann migrierte er nach Paris und dann nach Berlin. Als er angesichts des Ersten Weltkrieges im Dezember 1915 in die USA auswanderte, traf er in New York auf Marcel Duchamp und seinen Dadaistenkreis.[50] Klangcollagen und der innovative Einsatz von Tonbändern machten Varèse seit Mitte der 1950er Jahre in der Avantgarde neu bekannt. Diese freie Musik beeinflusste Frank Zappa nachhaltig[51], so dass auch hier unausgesprochene dadaistische Wurzeln zu finden sind.

---

[46] Das war am 4. Dezember 1971. Sechs Tage später musizierte er in London, wurde von einem Besucher von der Bühne gestoßen und musste neun Monate im Rollstuhl sitzen

[47] Etwa Barcelona 1988

[48] V. Schoßwald, "The Beatles go Dada" und Mimis Erinnerung an "Walrus Gumboot".

[49] Edgard Victor Achille Charles Varèse hatte einen italienischen Vater und eine französische Mutter. Geboren am 22.12.1883 in Paris starb er am 6.11.1965 in New York.

[50] 1966 drehte Warhol einen Film über Duchamp „ *Screen Test for Marcel Duchamp"* *(Leinwandtest)*, bei dem Duchamp zwanzig Minuten zigarettenrauchend im Sessel saß.

[51] Die erste LP, die er sich kaufte, war von Varèse.

In Zappas Umfeld tauchten entsprechend infizierte Künstler auf, etwa der Kanadier Donald Vliet, der in Lancester mit seinem Mitschüler Frank kreative Musik gestaltete. Seine eigene Karriere beschritt Vliet als Captain Beefheart. Wie Zappa konnte er Musik konventionell gestalten und verfügte über eine solide Grundlage für Verfremdungseffekte. Captain Beefheart performte sogar in Woodstock. Ihre gegenseitige Anerkennung und Geistesverwandtschaft führte zu einer jahrelangen produktiven Nähe.

Während Zappa als Ikone fungierte, wurde an Captain Beefheart deutlich, dass es eine eigene Musikwelt gab, die ihre Wurzeln nicht nur im Blues und Rock, sondern auch in der experimentellen Avantgarde-Musik und dem Free-Jazz hat.

Zappas Werk ist nicht Easy-Listening-Music. Gerade die Live-Darbietungen demonstrierten, wie exakt und ausgefeilt seine Stücke waren.[52] Er arbeitete oft mit Collagen, deren Zusammenstellung aufwendig war. Geräusche oder gar Gesprächsteile befremdeten im Instrumentalteil. Oft genug spielte nicht nur die Band ziemlich komplex, teils mit mehreren Rhythmen oder gegenläufigen Melodien, sondern konservierte Klänge wurden eingestreut. Witzig wirkte auch die Imitation von Bob Dylan, der seine eigene nasale Stimme mit einem banalen Tonfall stilisierte und zelebrierte.

Zappas Biographie bietet viele Ansatzpunkte für Erklärungen seines Stile, wie der häufige Ortswechsel der Familie mit einer zunehmenden Schwäche Franks, Freunde zu finden und zu halten, könnte dazu geführt haben, dass er sich immer wieder in einen Musikkokon zurückzog. Dass er durch einen Agent Provocateur der US-Polizei kriminalisiert worden war, trieb bestimmt seine kritische Sicht auf die heuchlerischen (hypocrites) „Vereinigten Staaten von Nordamerika" mit ihrem Establishment und ihrer kleinbürgerlichen Seele an.

Dada stellt alles in Frage, wenn das Verbale nicht in einen argumentativen Kontext gerückt wird. Das Musikalische lässt nichts stehen. Zappa wirkt nicht als Erbe des Dadaismus, auch wenn seine musikalischen

---

[52] Mein Cousin Franz war ganz fasziniert Zappa Mitte der 70er als Feldherrn im Konzert zu erleben, der seine musikalischen Soldaten einsetzte. Diese Schilderung prägte sich mir ein und sie wurde durch alles, was ich über Zappa hörte und las, untermauert.

Begegnungen teilweise in diese Welt gehören. Aber er ist de facto Dada-ist, auf der Höhe seiner Zeit. **DADA ist ein Prozess, der jederzeit leben kann, wenn der Kontext es fordert und Menschen verunsichernde Ausdrucksformen finden und verwenden.**

5.1 I am the walrus

1967, im Kielwasser von Sgt. Pepper erschien als B-Seite von "Hello Goodbye" der Lennon-Song "I am The Walrus". Was für ein irisierender „Pop-Song"! Das manifestiert sich an mannigfaltigen musikalischen Einschüben, durch das Orchester, durch die Stimmen, durch Geräusche wie Radiofrequenzsuche.

Der Text ertönt im surrealistischen Mantel. „I am he as you are he as you are me - And we are all together…" „Ich bin er wie du er bist und du ich bist…" Diese Nicht-Tautologie wird aufgelöst durch: „Wir sind alle zusammen" oder: „Wir sind alles zusammen."

„Sitzend auf einer Maisflocke, wartend auf den Möbelwagen…" Ja und? Das Lied ist extrem diffizil gestaltet. Durch das inzwischen veröf-fentlichte reichhaltige „Out-Take"-Material machte Apple die Stufen der Entwicklung nachvollziehbar.

Lennon kombinierte drei verschiedene Texteinfälle. In der Folge ar-beitete das Quintett (featuring George Martin) das Opus aus und visuali-sierte es in „Magical Mystery Tour".

Manche Fetzen malen echte Szenen. Angeblich erlebte sich Eric Bur-don[53] als „Eggman", der beim Sex rohe Eier auf die Partnerin schüttete, wobei ihn Lennon explizit anstachelte.

Lennon gab sich gerne revolutionär und progressiv, posierte als Ge-sellschaftskritiker. Aber etwas Heuchlerisches[54] schimmerte immer durch. Gesellschaftskritik war angesagt, damit kam er an. Doch seine Gedanken konnten gegenläufig sein. So sang er „stupid bloody Tues-day". „Bloody Tuesday" könnte einfach ein Dienstag sein, der blöd für ihn lief. Aber 1967 war der „Bloody Tuesday", der in Tuscaloosa (USA) stattfand, wo friedlich demonstrierende Schwarze von einem weißen Mob vor einer Kirche niedergeprügelt wurden. Das war gar nicht „stu-

---

₅₃ "The Animals". Die Szene dokumentierte Barry Miles: *Many Years From Now*, S. 429.
₅₄ Zum Kryptofaschismus bei Lennon siehe „The Beatles go Dada"

pid", um Mr. Lennon zu korrigieren. Es war furchtbar. Aber vielleicht war Lennon nur vom Thema genervt. Mit seiner super-avantgardistischen Yoko sang er später „Bloody Sunday" in Bezug auf den irischen Bürgerkrieg.

Gesellschaftssatire blitzt auf bei „Mr. City policeman sitting - pretty little policemen in a row". Das wirkt skurril. Hübsche kleine Polizisten sitzen aufgereiht nebeneinander. Dann lässt Lennon sie fliegen und er zitiert sogar sich selbst - „like Lucy in the sky"[55].

Dann serviert er eine gelbe Nachspeise, die aus dem Auge eines toten Hundes tropft. Was für eine eklige Vorstellung! Wie surrealistisch zugleich. Dem toten Hund folgt eine Fischerfrau und ein Priester, der auf Pornographie steht. Doch nirgends verweilt der Gedankenfluss, nicht einmal bei diesem Priester. Dafür werden Jungs und Mädchen angesprochen und gleich einmal runter gemacht: Du warst nervig!

Es bleibt keine Zeit zur Reflexion, aber die Hörer bekommen viel geboten für Assoziationen. Du sitzt in einem englischen Garten – der wäre mit viel kurzgeschorenem Grün und viel Regen, und du wartest auch auf die Sonne, aber wenn sie nicht kommt wirst du braun vom englischen Regen. Was für ein Assoziationengeflirre.

"Expert, texpert choking smokers" demonstriert Lennons Vorliebe für akustische Assoziationen, die vom Klang, aber nicht vom Inhalt her Sinn machen. Glaubst du nicht, dass der Witzbold über dich lacht? Jetzt wird auch vor dem Hörer nicht haltgemacht, er wird professionell ausgelacht, umgeben von Schweinelachen im Stall. Die Schweine lachen abfällig. Lass ich mir als Hörer so etwas bieten? Das ist mehr als eine nachvollziehbare Publikumsbeschimpfung, es ist eine Verhöhnung.

Eine Grießsardine klettert auf den Eiffelturm. Das ist mehr, als ein Bürokratenhirn verkraften kann, aber auch mehr als ein Schlagerdichter verkraftet. Grundschulpinguine singen Hare Krishna, in Nachfolge von George Harrison. Seinem Drang nach indischer Meditation, zu der eine uneuropäische Einstellung gehören würde, folgten viele ohne Einstimmung. Ein Pinguin-Chor kickt den seriösen Edgar Allen Poe wie einen Fußball durch die Gegend. Dabei steht Poe jenseits seines seriösen Aus-

---

[55] Der dritte Titel auf "Sgt. Pepper's Lonely Hearts Club Band."

sehens für die dunkle Seite der Phantasie, ja sogar des Agierens im Dunkeln, im Zwielicht. Ich habe da mal was Graphisches vorbereitet:

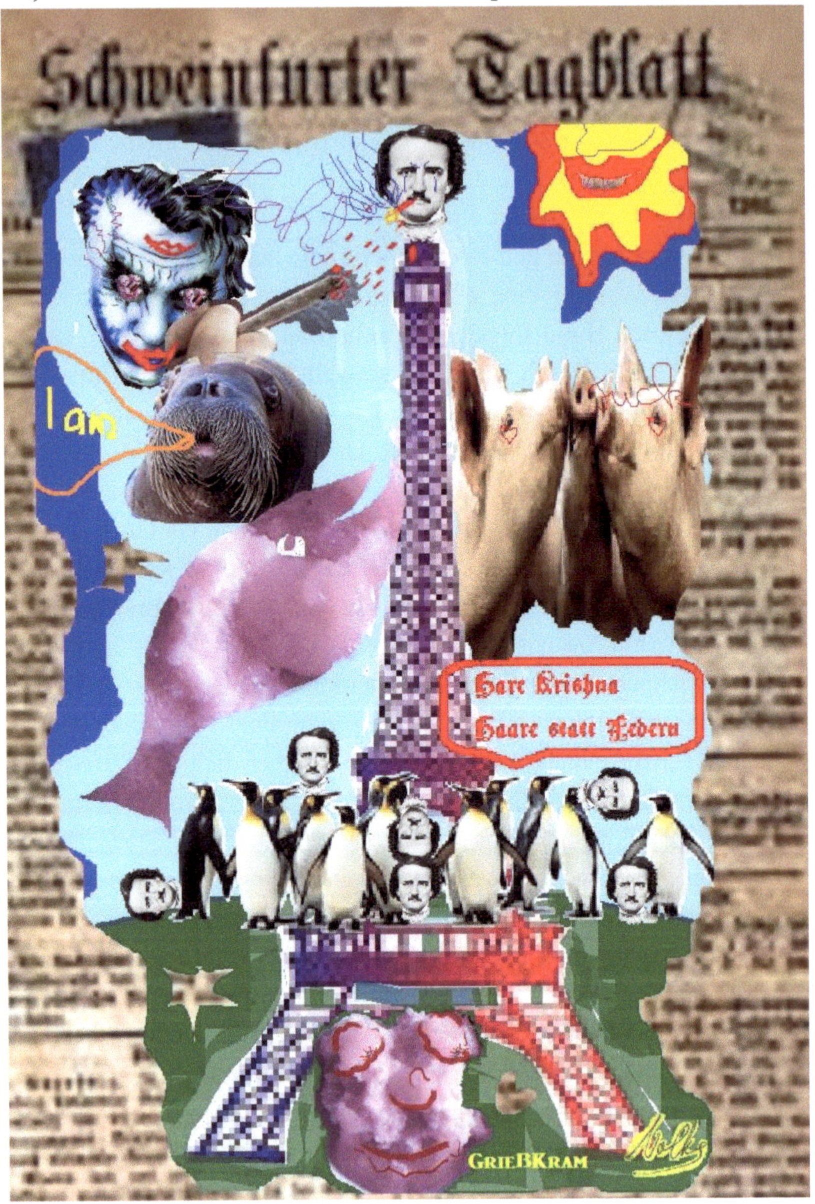

GRIEßSARDINE AUF DEM POE-GEKRÖNTEN EIFELTURM MIT GRIEßKRAM UND
DEM GRUNDSCHUL-PINGUIN-CHOR OHNE HAARE ABER DADA

Ein „Walross" erscheint in „Alice hinter den Spiegeln" mit dem Walross und dem Zimmermann. Lennon schätzte dieses Werk von Lewis Carroll. In einer Szene redet das Walross zu den Oister, den Austern.

„Ich bin für euch von Mitleid voll", weinend das Walross spricht und sucht sich die größten Austern heraus, „dass mir das Herz fast bricht." Und hält sich ein großes Taschentuch vor sein tränennasses Gesicht.

Das ist skurril im bigotten Sinn. Es passt zu einer Rezeption, die sich des Widersinnigen annimmt, ohne es universitär-analytisch zu kommentieren. Wir finden ähnlich Dinge in Lennons "In his own write". Dort schrieb Lennon" solch luzide Zeilen wie die Erinnerung an Arnold. Dabei versucht er sich liverpoolidial in Slang.

REMEMBER ARNOLD

*I remember Kakky Hargreaves
As if 'twer Yestermorn'
Kakky, Kakky Hargreaves
Son of Mr. Vaughan.
He used to be so grundie
On him little bike
Riding on a Sundie
Funny little tyke*

Blicken wir vom Walross der Beatles zu "Hey Jude". War „Hey Jude"[56] dada? Es war die erste Single, die bei Apple mit dem durchgeschnittenen Apfel erschien. Was für ein kreatives Design! Für die damaligen Zeiten. In Deutschland kursierte bald ein Label mit einem Spiegelei, das auf der Platte gebraten wurde. Das wirkte noch verrückter.

Die Rückseite von „Hey Jude" trug den Titel „Revolution", aber auf der A-Side revoltierten die Beatles gegen EMI-Beschränkungen, die für die ganze Branche galten. Songs hatten drei Minuten nicht zu überschreiten. Das hätte für „Hey Jude" auch zugetroffen. Aber dann beginnt nach dem letzten hohen „Judejudejude…" ein schier endloses „dadadadadadada", vielleicht auch „nanannananananana". Entscheidend war, dass sie die Zeitgrenze deutlich überschritten, die Songlänge verdoppelten. Inhaltlich bringt der Song weiter nichts, außer dass man immer wieder spekulieren kann, wen man aus dem illustren Chor wohl

---

[56] Details: V. Schoßwald, die Sgt. Pepper Generation

noch heraushört – es waren ungezählte Fans in teils recht jungen Jahren. Paul zelebriert das Lied gerne bei seinen Konzerten und teilt das Publikum in Gruppen auf, die singen. Ich gestehe, es machte mir Spaß, mitzugrölen. Trotz seiner konventionellen Form zerbrach der Song Konventionen einfach durch die Dauer.

In diese Zeit gehört der Beatles Film „Magical Mystery Tour", in dem das „Walrus" Teil der (verkleideten) Beatles ist. Künstlerisch schwer einzuordnen, wurde er total verrissen, als die BBC ihn sendete. Heute ist er ein hervorragendes Zeitdokument. Vielleicht passt das Label „surrealistisch" am besten. Die Dada-Momente überwiegen, wohl auch deshalb, weil das Konzept für eine Aktion noch nicht ausreichte. Die Beatles wollten als Avantgarde Konventionen brechen und Kunst schaffen, aber das blieb in Anfängen stecken – anders als bei der 007-Persiflage „Help" des Profis Richard Lester. Möglicherweise schufen sie „Kunst" als Produkt von Dilettanten, die sie im cineastischen Bereich waren.

5.2 Dada aus dem Nichts

Was passiert, wenn Künstler Zuspruch finden von Menschen, die das In-Frage-Stellen nur auf andere beziehen und sich ausblenden? Dies erlebte die Band „Geier Sturzflug" mit ihrem Hit „Bruttosozialprodukt", einer gesellschaftskritischen Satire auf die Arbeitskultur in Deutschland, auf den Neoliberalismus, auf „Leistung muss sich wieder lohnen", auf die Identifikation des Arbeiters mit seiner Firma, die durch gesichtslose Aktiengesellschaften kein menschliches Gegenüber mehr bot.

Das witzig-ironische Lied enthält den mitgröhlbaren Refrain: „Ja, jetzt wird wieder in die Hände gespuckt, wir steigern das Bruttosozialprodukt!". Dann tauchten auf einmal bei den Konzerten Omas mit ihren Enkelinnen. Die Bandmitglieder ächzten. Ihre Konzerte wurden zum Flop, weil die Erwartungen des Publikums und die Zielrichtung der gesellschaftskritischen Band völlig auseinander gingen. Der Nachfolgehit thematisierte die Apokalypse, also etwas Bedrohliches, aber das Publikum sang so, als könne man den Untergang genießen[57]. Es wirkte, als

---

[57] Siehe D. Adams „Per Anhalter durch die Galaxis" mit dem Weltuntergangskino, in dem man den Weltuntergang live beobachten kann.

wolle die Band Durchhalteschlager wie „Das kann doch einen Seemann nicht erschüttern" aus dem zweiten Weltkrieg aktualisieren.

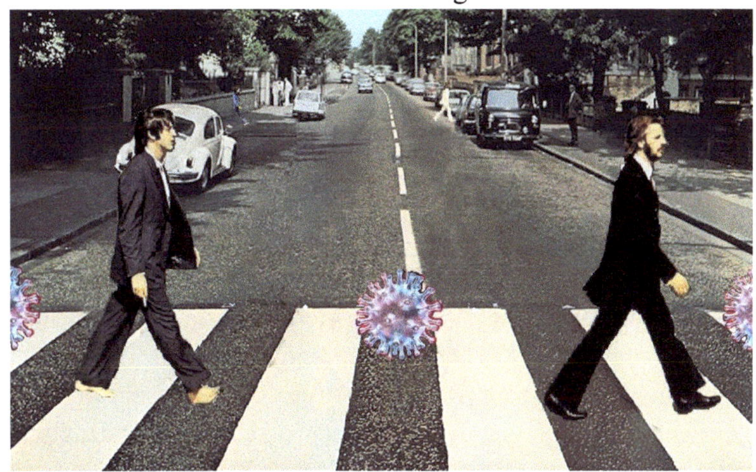
Zwei sind dann schon mal weg… Sicherheitsabstand bei Corona, aber der ehemals lungenkranke („Vorerkrankung!") Ringo marschiert noch munter mit.

Auch viele Teile der letzten integralen Beatles-LP „Abbey-Road" wirken dadaistisch.[58] Schon frühere Pressekonferenzen in der Beatlemaniazeit enthielten spontan absurde Sätze, gerade auch von Ringo. Richard Starkey wurde als Kind wegen seiner Lungenkrankheit isoliert, blieb schulisch stets zurück und kompensierte es mit dem Schlagzeug. Zum Schlagzeug gesellte sich eine Schlagfertigkeit, die ihn zu einem gleichberechtigten Beatles-Mitglied an der Seite von John Lennon machte. Auch Richard Lesters spickte den ersten Beatles-Film „A Hard Day's Night" mit Dadaismen, etwa als John in der Badewanne liegend und mit Schiffen Krieg spielend Deutsch mit Liverpooler Akzent sprach. Dann tauchte er unter und als der Manager das Wasser aus der Badewanne ließ, war sie leer… George wiederum rasierte sich brav vor dem Spiegel. Als er den Rasierschaum abwischte, zeigte sich: Er rasierte sein Spiegelbild.

Wenn man die Songs von John Lennon zu seiner Biographie und persönlichen Entwicklung in Beziehung setzt, stellt der Junge, der von seinen Eltern verlassen wurde und bei einer überstrengen kleinbürgerlichen Tante aufwachsen musste, die Werte der Welt seiner Eltern in Frage.

---

[58]Umfangreich: V. Schoßwald, The Beatles go Dada

1916, 1940, 1969, 2001, 2020…. **DADA** *ist ein Prozess, der jederzeit leben kann, wenn der Kontext es fordert und Menschen verunsichernde Ausdrucksformen finden und verwenden.*

5.3 My Generation? 45…

My Generation?[59]Stellten die Kinder des Krieges 1968 die Werte der Welt ihrer Eltern in Frage? Nein! Die Wertevernichtung hatten diese selber besorgt. 1945 stimmte nichts mehr – nicht nur in Deutschland. Dabei gelten die Vorwürfe nicht denen, die damals 20 waren, sie gelten denen, die Mitte der 20er Jahre älter als 25 waren. Sie hätten viel begreifen können, Moral beweisen können. Menschen mit Rückgrat und Humanität blieben die Minderheit. Sie belegen, dass die Mehrheit dem bösen Weg nicht ausgeliefert war, sondern ihn willig beschritt. Den 1945 Volljährigen ist jedoch vorzuwerfen, wenn sie keinen Weg der Besserung einschlugen.

Das Dilemma der damals jungen Generation zeigt das Kriegsende-Tagebuch eines deutschen 18-jährigen Rekruten vom 2.5.1945.[60]

Der Führer tot!

Unser Führer ist tot. In der Endphase dieses gigantischen Ringens sucht er den Tod an der Stätte seines Schaffens, in der Reichskanzlei. Es war mir von dem Augenblick, da er den Befehl über Berlin übernahm eine unabwendbare Gewißheit, daß er entweder dem bolschewistischen Ansturm trotzen kann und weiter an der Spitze unseres Volkes steht und kämpft oder – nicht mehr lebend die Hauptstadt seines Reiches, unseres Reiches, Berlin, verläßt.

Wie soll das enden? Oh Gott, was hast Du uns Menschen auferlegt? Was sollen wir Jungen tun? Wir, die nur die reinste Idee des Welt gepredigt bekommen haben, und die die Idee unterliegen sehen, was soll unser Glaube sein. Ist es da verwunderlich, wenn man an einem Gott verzweifelt? Ist es verwunderlich? Sag Schicksal!

Zwei Wochen später notierte er: „Im Wald, den 17.5.1945

Gedanken!

Und so hoffe und glaube ich, daß aus dem Vermächtnis des ersten Weltkrieges 1914-1918, dem Kampf und Sieg des Nationalsozialismus 1919-1939 und dem Weltenringen 1939-1945 wieder ein neues Deutschland entsteht. Freilich, der Kampf wird noch schwerer werden als 1919-1933, denn einmal hat der Feind erlebt, daß selbst aus dem

---

[59]Komplex: V. Schoßwald, Die Sgt. Pepper Generation
[60] V. Schoßwald, Es klappert die Mühle

scheinbaren Tode sich ein neues Deutschland gebären kann und er wird nun wachsam sein und jedes kleine Fünkchen neuen Lebens wird er niederzuhalten versuchen.

Neben der Frage nach dem Schicksal des Volkes erhebt sich dann noch die Frage nach dem eigenen Schicksal. Was wird aus mir? Hier ist es nicht die Hoffnung, sondern der Wille gibt hier den Grundton an. Und der Wille heißt: Sei und bleibe ein Deutscher. Handle so, wie es für Dein Volk am besten ist. Und da heißt vorläufig, abwarten und an sich selber arbeiten, damit einen die Stunde bereit findet."

Soviel aus diesem Tagebuch, in dem sich die Erschütterung eines jungen Mannes wiederfindet, dem seine Ideale geraubt worden waren. Der begeisterte HJ-Führer steckte voller Idealismus. Nach dem Krieg verspotteten ihn ältere Nachbarn auf den Straßen von Forchheim: „Da siehst du, was dein Führer gemacht hat." Stimmt! Aber bigott war, dass dieselben Männer den jungen Mann nicht warnten, dass sie ihm keine Signale gaben, als es noch gefährlich war. Es ist diese kleinbürgerliche Feigheit, die erst im Moment der Sicherheit große Worte schwingt.

Es gab andere Erwachsene. Seine späteren Schwiegereltern darbten als Regimekritiker, aber sie lebten bei Kriegsende. Die Diktatur erhielt neue Marionetten für die Bürger der SBZ, die sich bald DDR nannte. Das „Dritte Reich" war ihnen nicht Warnung genug gewesen. Sie machten auch bei den Sozialisten ihren Mund auf. Der Karriere diente es nicht. Zur Rente schickten die DDR-Kommunisten sie in die BRD, um diese wirtschaftlich zu schwächen.

5.4 „My Generation" – 68: Nachkriegsheuchelei

Das „Dritte Reich" und die Moral ist der böse Klassiker gelebter Bigotterie und die schwarze Folie für die 68er. Junge Leute reagieren auf Bigotterie besonders sensibel. Manche machen sie sich zu eigen, manche empören sich. Die späten 50er Jahre und die 60er Jahre bildeten eine solche Epoche der Empörung. Freilich ist nicht jeder, der Bigotterie wahrnimmt und bloßstellt, vor dieser gefeit.

Satire und Kabarett gehörten stets zum Umfeld überheblicher Selbstsicherheit. „Pardon" (1962) und „Titanic" (ab 1979) leisteten dies für Deutschland und bedienten sich gerne des dadaistischen Repertoires. Erich Kästners „Weltbühne" karikierte das Fortleben des bürgerlichen NS-Denkens, nachdem Kästner bereits in den 20ern seine kritischen Beiträge geliefert hatte. Aus Köln kam „Das Kom(m)ödchen". In Berlin tummelten sich die „Stachelschweine" neben den „Wühlmäusen", in München neben der „Weltbühne" die „Lach- und Schießgesellschaft", die national relevant wurde, als sie in den 60ern traditionell an Silvester im öffentlich-rechtlichen Fernsehen auftrat – live und damit gefährlich. Das ergänzte Hildebrandt später durch „Notizen aus der Provinz" und „Scheibenwischer". Die "DDR"-Kabarettisten hatten es schwerer, doch es gab sie, etwa bei der „Leipziger Pfeffermühle", die im Jahr der Wiedervereinigung ein gemeinsames Silvesterprogramm mit der „Lach- und Schießgesellschaft" im Fernsehen präsentierte.

Für die junge Generation stand nach dem Krieg die explosive Musik im Vordergrund. Auffälligerweise spielte die Frisur eine Rolle: Die „Tolle" von Elvis, auch „Entenschwanz" genannt, erregte die Gemüter und als er sie für den Dienst in Germany als GI abschneiden ließ, war die US-Welt wieder in Ordnung[61]. Dann erschienen die Beatles und mit ihnen die Langmähnigen.[62]

Musik: Die offensive Sprache meiner Generation: Wenn „The Who" auf der Bühne explodierten, Roger Daltrey das Mikrophon durch die Luft schleuderte und wieder auffing, John Entwistle im Skelettkostüm den Bass traktierte und Pete Townsend am Ende seine Gitarre zertrümmerte und die Reste ins Publikum warf, dann traf das den Nerv derjenigen Jugendlichen, die von der Welt ihrer Eltern genervt waren. „Nein, ich will nicht werden, was mein Alter ist", grölten später „Ton, Steine, Scherben" und verpackten bei David Volksmund die Vinylplatte in eine raue Pappkartonhülle. Ich sang den Text noch mit Sixty-Four lauthals im Konzert im Nürnberger „Hirsch" mit, obwohl ich meinen Vater durchaus nacheifernswert empfand, aber keineswegs die Mehrheit seiner Generation.

---

[61] Bis Cassius Clay, Box-Olympiasieger, den Kriegsdienst verweigerte. Diese Geschichte war auch kabarettreif, wenn man die US-Verlogenheit besonders der militarisierten Gesellschaft, die in Deutschland Entsprechungen hatte, entblößen will.

[62] Als ich in der siebten Klasse mit einem Pferdeschwänzchen (ca.5cm), das mir meine verspielte Mutter liebevoll gebunden hatte, in der Schule erschien, verwies mich mein Musiklehrer des Raumes. – Als ich 1974 den Führerschein machte, trug ich auf dem Bild lange Haare. Ich hatte sie inzwischen geschnitten, was den Prüfer zur Feststellung veranlasste: „Jetzt siehst du ja wieder ordentlich aus!" Er kannte mich natürlich nicht!

„Musik" verbündete sich mit „Moral" in der europäischen Rockmusik der 60er Jahre. Die Generationen der Eltern und Großeltern hatten durch die reale Form des Zweiten Weltkrieges alle Werte in Frage gestellt. Bob Dylan[63] und die nordamerikanischen Folksänger wie Pete Seeger kommunizierten dies musikalisch. In Deutschland könnte man stellvertretend Rockbands wie „Ihre Kinder" und später „Ton, Steine, Scherben" oder „Floh de Cologne" nennen. Als 2019 „Ton, Steine, Scherben" mit Gymmick im Nürnberger Hirsch die Agit-Rock-Stücke der 70er spielten, sang nicht nur ich mit, sondern neben mir viele junge Leute zwischen 18 und 30. Man kannte die Lieder wieder. Der Zündstoff einer maroden Gesellschaft lag in der Luft. Den Zunder bildeten der Steinzeitkapitalismus der Neoliberalisten mit ihren SUVs und der neue Euro-Faschismus mit ihren Orbans und deutschen Erdoganwählern.

Die USA waren spätestens seit Hiroshima und Nagasaki[64], dann dem Koreakriege und dem Vietnamkrieg in derselben Situation: Die Jugend verachtete die Eltern. Wie immer gilt dies nur für die Minderheit, die sich artikulierte. Immerhin schuf diese Minderheit Mehrheiten bei gesellschaftlichen Entwicklungen.

In der „DDR" (mit „BILD"-Zeitungsgänsefüßchen) lief es unterschwelliger, mangels Meinungsfreiheit. Als DDR-Kommunist war man von Natur aus Antifaschist. Dazu gehörte auch, dass man die Stasi[65] für staatstragend hielt und Denunziationen wie in der Nazi-Zeit höchst löblich waren. Dazu gehörte, dass man sich mit einem „antifaschistischen Schutzwall" gegen den bösen Westen schützte, aber nicht zuließ, dass die eigenen Bürger diese Grenze passierten. Dazu gehörte, dass der Staatschef Ulbricht über Radio und Lautsprecher Richtung West-Berlin verkündete: „Kein Mensch denkt daran, eine Mauer zu bauen". Wenige Tage später wurde die Berliner Mauer hochgezogen. Im „Arbeiter- und Bauernstaat" wurden Arbeiterdemonstrationen mit militärischen Mit-

---

[63] „John Birch Society", „Masters of War", The Times They Are A-changing.

[64] Die USA haben als erste und bisher als Einzige (immerhin seit 1945 und mit sehr vielen Kriegen) die Atombomben eingesetzt, in beiden japanischen Städten jeweils eine andere um die unterschiedlichen Wirkungen zu beobachten. Die Menschen waren Versuchskaninchen. Die Japaner hatten ohnedies schon verloren. Militärisch machte diese Aktion überhaupt keinen Sinn – eben eine Militär-Aktion.

[65] Die „Staatssicherheit", die mit Gestapomethoden operierte.

teln[66] niedergeschlagen. Die obersten Vertreter einer kommunistischen Gesellschaft, in der alle gleich waren, setzten sich im satten Pankow in Villen und ließen sich mit West-Produkten (Luxus) verwöhnen, während sie der normalen Bevölkerung dies alles untersagten. **DaDA**:

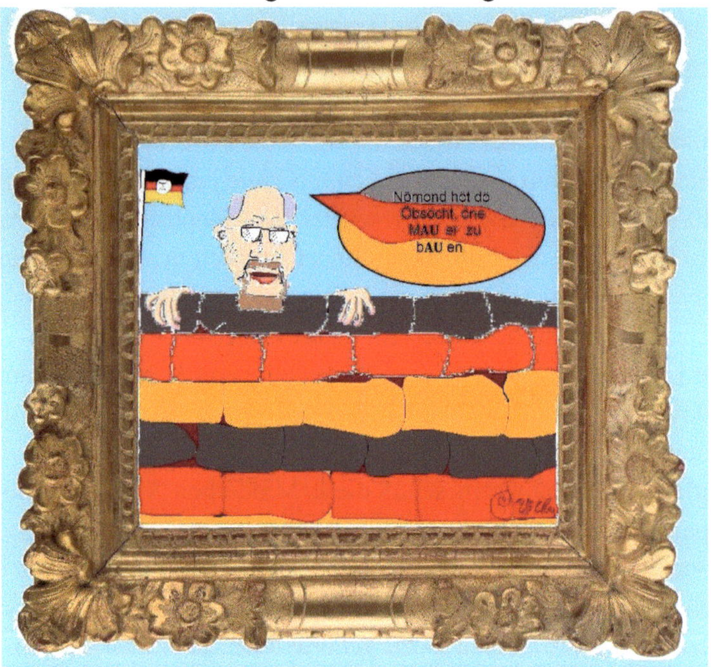

Dreißig Jahre nach dem MauerFALL

Das war Bigotterie pur – kombiniert mit diktatorischer Macht. Klassisch beschrieb dies George Orwell bereits vor der DDR-Zeit im Blick auf den „Großen Bruder" UdSSR in „Farm der Tiere".

Selbstverständlich war ich als Jugendlicher auf dem kommunistischen Weg, da er Gerechtigkeit und Chancengleichheit für die Unterprivilegierten propagierte. Ich stehe noch zu diesen christlichen Werten, aber ich realisiere die Pervertierung durch die etablierten Revolutionäre. Leider stimmt die biblische Aussage nach der Sintflutreinigung, in der „Jahwe" resignierend eingestehen musste: „Das Dichten und Trachten des menschlichen Herzens ist böse von Jugend auf."[67]

---

[66] So am 17. Juni 1953, der in der BRD Nationalfeiertag wurde.
[67] Genesis 8,21

44

Jung und links
ist kein Problem
mittleres Alter, erfolgreich und links…
wer schafft schon so etwas?

Jung und links
ist kein Problem
Jung und nicht links
ist das noch jung?

Ich erlebte in den 70ern, wie Freunde von der KPD Reisen in die DDR spendiert bekamen und begeistert über den realen Sozialismus zurückkamen. Durch meine Verwandten in der DDR kannte ich deren Einschränkungen und Bedrohungen. Ich verstand die Begeisterung der Freunde nicht und hielt sie für verblödet, weil sie nicht wahrgenommen hatten, dass sie zwar hin- und zurückfahren konnten, dies aber nicht für die Besuchten galt. Wie kann man nur so betriebsblind sein?! Da glichen sich meine DKP-Bekannten und die Anhänger der FDP. Die FDP behauptet, Aktionäre und Firmeninhaber würden sich aus Einsicht heraus sozial und dann auch ökologisch verhalten. Für Deutschland erwies sich die FDP als gefährlicher als die westdeutschen Kommunisten, denn sie verantworteten die Neoliberalismus und damit die Entmenschlichung unserer Gesellschaft. Ja, „das Dichten und Trachten des menschlichen Herzens ist böse von Jugend auf."

Perverse Formen der Bigotterie, die an Gestapo und Stasi-Aktionen erinnerten, an Diffamierung und Ausschaltung Andersdenkender erlebten die US-Amerikaner zur Zeit von Senator McCarthy, der regelrechte „Kommunistenjagden" veranstaltete. Der Vorwurf, „Kommunist" zu sein führte zu vielen Problemen, oft dem Verlust des Arbeitsplatzes. Er ähnelte dem „Vorwurf" „Jude" zu sein im Nazi-Deutschland. Eindrücklich schilderte dies Bob Dylan in seinem Song „John Birch Society". Da verbildlichte er die paranoide Seite der US-Faschisten in der McCarthy-Ära.

---

[68] Valeria Szebinski, Gedichte

Dylan reagierte ein Stück weit dadaistisch, weil alles nicht mehr zu verstehen und nicht mehr zu erklären war.

Ein Blick nach Europa: Die Bomben in den 40ern fielen auf England, als die späteren Superstars zur Welt kamen. Die Geburt aller Beatles wird unter dem Beiklang der Bombardierungen geschildert. Die Rolling Stones kamen quasi unter der V2 ans Licht der Welt. Jimi Hendrix brachte 1969 sein Star-spangled-banner in Woodstock zu Gehör, in dem er die US-Hymne „Stars & Stripes" interpretierte, mit pfeifenden Granaten und einschlagenden Bomben. Bei „Love & Peace" lebte West-Europa bereits fast ein Vierteljahrhundert im Frieden, aber die dunkle Folie des Krieges war noch präsent, durch Ruinen, durch Erfahrungen der Familienmitglieder, durch die Kriege, die die in Europa stationierten Amis in Korea und Vietnam führten und durch den Kalten Krieg zwischen Ost-Block und West-Block mit seiner politischen Sprache.

„The Who" trafen das Lebensgefühl ihrer jungen britischen Landsleute, als sie „My Generation" einspielten. Der wilde, fast anarchische Song erhält nicht zuletzt durch den Bass eine explosive Spannung. Der unspezifisch, unpräzise Inhalt langweilt Erwachsene. Doch für uns drückten „The Who" das Lebensgefühl aus: „Ich weiß es besser als ihr, ich merke eure Verlogenheit, ich habe euch was zu sagen." Dabei geht es nie um die Inhalte. Die konnte sich jeder bereitlegen und sie konnten im gesellschaftskritischen Bereich wie auch im Liebeskummer und den pubertären Minderwertigkeitsgefühlen liegen.

Die Monkees aus den Vereinigten Staaten, die eine reine Kommerzband waren, jubelten „I've got something to say", aber das, was ein Jugendlicher zu sagen hatte, artikulierten auch sie nicht. Doch die Produzenten trafen erfolgreich einen Nerv der US-Jugend: „Ich habe euch etwas zu sagen!" spüren Jugendliche ganz genau, aber dann können sie es doch nicht gut artikulieren. Das ändert freilich nichts an ihrem Gefühl und vor allem der Erwartung, dass dieses Nicht-Gesagte zugleich von den anderen verstanden würde.

Unter den Rockbands thematisierten „The Kinks" die kleinbürgerliche Bigotterie und Ray Davies verbalisierte sie mit parodistischen Mitteln etwa bei „Dead End Steet" oder „Well respected man".

Zu Ironie neigten auch die Beatles. So forderte John Lennon bei einem Konzert bei "The Queen's Royal Variety Performance" das königliche Publikum auf: "For those of you in the cheap seats I'd like ya to clap your hands to this one; the rest of you can just rattle your jewelry!"[69] Als die Beatles im Jahr darauf den MBE-Orden[70] erhielten, kommentierte John Lennon, er hätte gedacht, man bekäme Orden dafür, dass man Menschen töte. Das dachten so manche MBE-Träger ebenfalls und gaben ihre Orden zurück, denn da die Beatles keine Menschen getötet hatten, konnten sie für Militärs keine Helden und Vorbilder sein. **DADA**.

Es gab zwei sich ergänzende Gründe, weshalb die Beatles trotzdem den Orden erhielten: Erstens waren sie für die britische Wirtschaft ein Erfolgsfaktor, zweitens verbesserten sie das britische Image auf dem Globus und vor allem in den USA enorm.

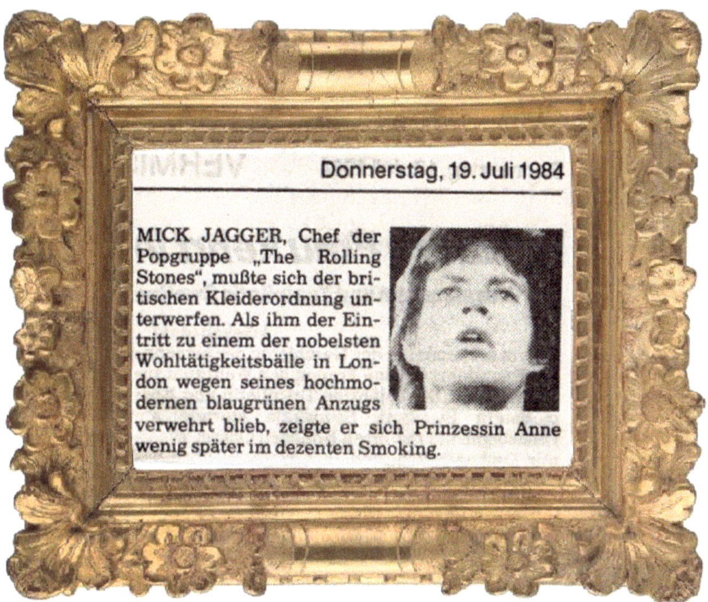

Donnerstag, 19. Juli 1984

MICK JAGGER, Chef der Popgruppe „The Rolling Stones", mußte sich der britischen Kleiderordnung unterwerfen. Als ihm der Eintritt zu einem der nobelsten Wohltätigkeitsbälle in London wegen seines hochmodernen blaugrünen Anzugs verwehrt blieb, zeigte er sich Prinzessin Anne wenig später im dezenten Smoking.

Inzwischen wurden Paul McCartney und Ringo Starr geadelt. Selbst Mick Jagger wurde zum „Sir", angesichts des „Böse-Buben"-Images, das die Rolling Stones sich hart erarbeiteten, nahezu tragisch.

---

[69] 4.11.64. Die Queen war damals noch eine junge Frau.
[70] Member of the British Empire

6 Zürich, nicht nur 1916

6.1 „Da da da"

In Zürich nahm die Musikgruppe „Trio" „da da da" auf. Das war 1981. Der zweite Weltkrieg lag 36 Jahre zurück! Sie waren näher am zweiten Weltkrieg als an heute! Vom ersten Weltkrieg trennten sie 63 Jahre. 1981 lebte noch eine Menge Leute, die jene Zeiten bewusst miterlebt hatten („When I'm sixtyfour"…).[71]

„Da da da", musikalisch minimalistisch und inhaltlich bodenlos, gezielt aussagefrei traf ein Zeitgefühl. 1981 galt „Trio" als Teil der NdW, der Neuen deutschen Welle.

„Dadada ich lieb dich nicht du liebst mich nicht" produzierte der mit den Beatles befreundete Klaus Voormann[72], nachdem er den Song bei einem Live-Konzert erlebt hatte. So spielte die Band den Song in Zürich ein, der Ursprungsgegend des deutschen Dadaismus. Voormann spielte den Bass[73], Anette Humpe[74] sang im Refrain den Chor.

Der unerwartete Text erinnert Kenner an „Je t'aime … moi non plus" von Serge Gainsbourg mit Jane Birkin von 1969[75]. Hintergrund der Formulierung war damals ein provokatives Zitat von Salvadore Dali: „Picasso ist Maler, ich auch; Picasso ist Spanier, Picasso ist Kommunist. Ich bin auch keiner." Wir sind hier bei einer typisch dadaistischen Form: Eine erwartete Reihe wird durchbrochen. Dadurch wird schablonenhaftes Denken oder Erwarten decouvriert.

Das machen auch „Trio", wenn sie einen kinderliedartigen Song, der nach Banalität lechzt, mit der Negation der Banalität versehen. Typisch dadaistisch setzten sie ein Kinderinstrument für einen zentralen Sound-

---

[71] Zürich? Die Schweizer sind besonders langlebig. Im Durchschnitt. Das liegt daran, dass sie sich militärisch aus den Kriegen heraushalten und wirtschaftlich daran gesundstoßen – ach was gesund: reich stoßen. Österreich ging 1938 heim ins Reich, die Schweizer hingegen reich ins Heim, wie die Kabarettisten wortjonglierten.

[72] vgl. "The Beatles go Dada"… Voormanns spektakulärste Aktion war die Gestaltung des Covers der Beatles-LP „Revolver".

[73] Wie bei Lennons „Plastic Ono Band" in „Live in Toronto" 1969

[74] Sie war bekannt durch DÖF (Codo: düse, düse, düse im Saußeschritt) und später „ich & ich". Ein Schülerschüttelvers von ihr: „Jetzt geh' ich in den Birkenwald, denn meine Pillen wirken bald." (wikipedia)

[75] Gainsbourg hatte es bereits 1967 mit und für Brigitte Bardot produziert

Teil, den Rhythmus ein. Die Kastagnetten (gespielt vom NdW[76] Drummer von Ideal) greifen die Instrumentierung deutscher Schlager mit Fernweh (Südeuropa) auf. Der Inhalt ist anti-schlagermäßig: „Ich lieb dich nicht Du liebst mich nicht, ich lieb dich nicht." Schlager verkünden in der Regel das Gegenteil oder zumindest die Hälfte des Gegenteils.

Von „Da da da" kursieren auch satirische Versionen. Das konnte nicht gut gelingen: Der Song als solcher ist bereits Satire. Man könnte zwar die Rezeption auf die Schippe nehmen, so aber sprangen die Künstler lediglich auf einen Erfolgszug auf wie Frank Zander als babywickelnder Mann mit dem Refrain in Babystimme. Frank Zander als Frank Zander lebte ansonsten sehr gut von Parodie als solcher.

6.2 Alles Lüge

1986 veröffentlichte der Ex-„Ton, Steine, Scherben"-Sänger Rio Reiser „ALLES LÜGE". Reisers Text ist unglaublich poetisch. Er artikuliert Selbstverständlichkeiten witzig und definiert sie als Wahrheit. Der Rest aber ist Lüge. „*Es ist wahr, dass das Jahr über dreihundert Tage in nur zweiundfünfzig Wochen schafft. Es ist wahr, es ist wahr, dass das Ausland vielmehr Ausländer als Deutsche hat.*" Darin stecken echte Wahrheiten, die bei „Tagen" banal sind, aber bei den Ausländern bereits eine politische Aussage beinhalten. „*Es ist wahr, es ist wahr, dass die Kühe das Gras nicht rauchen, sondern fressen. Es ist wahr, es ist wahr, dass Hamburg nicht die Hauptstadt von McDonald's ist.*" Das enthält nicht nur Banalität wie bei „Tagen", sondern es wird die alternative Lebensform angedeutet: „Gras rauchen", das gehörte beim Publikum von „Ton, Steine, Scherben" und Rio Reiser dazu. Dass Kühe es fressen, nimmt den Doppelsinn auf, wobei „Gras" als „Marihuana" bereits ein Code-Wort war. Dann aber kommt er zu Hamburg und dem „Hamburger", den man im Hinterkopf haben muss, wenn er von McDonalds, dem Produzent von „Hamburgern" singt. Es bietet sich an, erst das Lied zu hören, dann den Text zu lesen und dann das Lied mit seiner dichten Struktur noch einmal zu hören.

Der politische Witz steckt im Refrain „Alles Lüge". Die Verlogenheit der öffentlichen Sprache, die die Dadaisten zu ihren Reaktionen brachte,

---

[76] NdW: Neue Deutsche Welle (z.B. prototypisch Nena: 99 Luftballons)

ist nach wie vor am Leben. Als ich 2019 ein „Steine"-Konzert besuchte[77], sangen die Besucher den Refrain wie einen Kampfsong mit. Ich selbst fühlte mich wie aus dem Altersheim her gekarrt, denn viele der Besucher waren um die zwanzig und stimmten in die Lieder meiner 70er kräftig ein, sofern es die politischen Lieder waren. Der „schwarze Block" der Alternativen sang mit! Ob deren Argumente allerdings fundiert und stringent sind, lässt sich bezweifeln. Wenn die Vision heißt: Die Gefängnisse der Zukunft sind leer, andererseits aber gefordert wird: Trump und die Waffenlobby sollen hinter Gitter – dann ist das ein Systemwiderspruch, dem ich persönlich nur entnehmen kann: Wir beanspruchen für uns alle Freiheiten, unseren Gegnern sollen sie genommen werden. Trotzdem sang auch ich mit.

Anders ausgedrückt: Nach über dreißig Jahren kommt das Lied noch an, weil es Wirklichkeit trifft. Bei „Alles Lüge" musste Sänger Gymmick, ein Nürnberger, den Text nicht einmal aktualisieren, wie er es im Fall von „König von Deutschland" tat.

„Lüge" ist und bleibt ein Thema und Gymmick verwies auf den neuen Begriff „alternative Fakten". Dabei handelt es sich um „Fakten", die durch nichts belegt sind, aber die man einfach mal als Fakten bezeichnet. Protagonist dieser „alternativen Fakten" ist der US-Präsident Trump. In Deutschland operiert damit die AfD, der die Wahrheit egal ist, aber nicht die Stimmung der manipulierbaren Bevölkerungsteile. Natürlich finden wir solche „alternative Fakten"-Fans in allen Gesellschaften. Die Amis und die Deutschen sind nicht schlechter als andere, aber... eben auch nicht besser!

„Es ist wahr, es ist wahr, die meisten Menschen wollen nicht in Dortmund leben, sondern Essen." zeigt den gewitzten Dichter Reiser: Dortmund wäre eine Konkurrenzstadt zu Essen, aber gleichzeitig ist es für die Menschen wichtiger, zu essen, als in Dortmund zu leben. Reiser agierte in Berlin, einer der Urstätten des „Dada". Der Berliner „Dada" war die Gruppierung mit dem ausgeprägtesten politischen Bewusstsein, wofür plakativ John Heartfield steht.

---

[77] Dabei konnte es sich nur um Rudimente aus den letzten 49 Jahren handeln: Kai, Funky und neu: Gymmick. Im Nürnberger „Hirsch".

6.3 Two Virgins und das Nachtgespenst

Auch die erste Solo-LP von John Lennon klingt gaga und dada. Yoko Ono agierte als unterbegabte „Lady Gaga". Das Machwerk „Two Virgins" enthielt nur Geräusche.[78] Ob sich die kruden Kunstphantasien von Yoko Ono unter Kunst einreihen lassen, muss ich offen lassen. Für mich wirkte sie vorwiegend als flache Selbstdarstellerin.

Das Dada-Cover zeigte zwei nackte Menschen, aber keine Pin-up-Mannequins. Das konnte nur jemanden schockieren, der sich schockieren lassen wollte.

Gerade weil das Opus bei Kritikern wie Publikum überhaupt nicht ankam, ist „Unfinished Music No. 1: Two Virgins" (1968) für uns hochinteressant. So meinte ein Musikkritier von AllMusik, das Produkt wäre "not unlike what you might get if you turned on a tape recorder for a random half-hour in your home, calling the music naked". Die Ur-Dadaisten in Zürich wären vor Neid erblasst: So ein Echo muss ein Avantgardekünstler erst einmal bekommen. Lennon kommentierte, „Unfinished Music" wäre der direkte Ausdruck von ihnen und so könnte, ja sollte jeder andere seine eigene „Musik" machen.[79] Er meinte, sie hätten sich gefühlt wie zwei unschuldige Kinder, die verloren seien in einer Welt, die verrückt wurde. Auch unsere Beatles-Fan-Kreise diskutierten das Thema „verrückt" heiß und hafteten das Attribut dem Paar an, wobei Yoko schuldig gesprochen wurde, John angesteckt zu haben.[80]

Ich habe mir „Unfinished Music" in den letzten 50 Jahren vier Mal angehört – kann es an einer Hand abzählen -, die anderen Platten der Beatles hingegen -zig Mal. Uns Konsumenten erschienen die „beiden Jungfrauen" völlig überflüssig. Kunstgeschichtlich sehe ich das anders. Die LP transportiert etwas von den schwer artikulierbaren Einstellungen der damaligen jungen Generation in die Öffentlichkeit. Diese Einstellung führte zu einem inneren Dada.

Das Cover fungiert ähnlich. Als Jugendlicher hielt ich es für plumpe Anmache. Pauls Kommentar auf der Hülle "When two great Saints meet,

---

[78] V. Schoßwald , „The Beatles go Dada"

[79] "Unfinished Music was saying whatever you want it to say. It is just us expressing ourselves like a child does, you know, however he feels like then. What we're saying is make your own music. This is Unfinished Music."

[80] Yo-Korona? Eine herrschsüchtige Prinzessin.

it is a humbling experience. The long battles to prove he was a Saint"
irritierte mich, weil ich davon ausging, dass er Yoko als trennende Kraft
nicht positiv konnotieren wollte, schon gar nicht als "Heilige". Es könnte
aber auch pure Ironie sein.

Das Cover zeigte vorne John und Yoko nackt von vorne und hinten
nackt von hinten. Schwarz-weiß. Die Entstehungsgeschichte ist wie die
der Platte ziemlich krude. Die Tonaufnahmen enthalten nur Geräusche
vom Zusammensein von John und Yoko, ihrem ersten. Sie trafen sich, als
Cynthia, die rechtmäßige Frau an Johns Seite mit Patty Boyd, der Freundin von George in Griechenland weilte. Statt miteinander ins Bett zu
gehen, ließ Yoko sich Johns Heimstudio zeigen, Demos vorspielen und
beschloss dann, gemeinsam etwas zu produzieren. Das Ergebnis sollten
nicht irgendwelche Songs sein, sondern ihr Beisammensein dokumentie-
ren – irgendwie ziemlich geschmacklos angesichts dessen, dass sie gerade Cynthia betrogen.

Für das Cover suchten sie keinen Profi auf. John schämte sich, sich
nackt zu zeigen. So gingen sie in den Keller von Ringos Haus und machten dort Aufnahmen mit einer Kamera mit Selbstauslöser. In Hamburger
Tagen war er ja noch nur mit einer langen Unterhose bekleidet mit einer
Klobrille um den Hals auf die Bretter getorkelt.

Im prüden England durfte es ein solches Cover nicht geben. Oder gelten für einen Beatle andere Gesetze? Irgendwie schon, denn Lennon
setzte das Cover durch, auch bei seinen Mitspielern, zu denen er offiziell
noch gehörte.

Jahrzehnte später, anlässlich der Produktion von Anthology erinnerten
sich die Mit-Beatles. Paul erklärte, er sei leicht schockiert gewesen, hätte
aber etwas für das Cover geschrieben. Er könne total verklemmt gewesen sein. George Harrison hielt schon damals das Cover für harmlos,
denn es waren einfach zwei nicht besonders hübsche Körper, nackt und
schlaff, eigentlich harmlos. Ringo warf es schier um, er fand es absolut
irre. Johns Stellungnahme zur Aufregung ist überliefert. Er meinte, die
Leute hätten sich vor allem deshalb aufgeregt, weil das Paar ziemlich

unattraktiv gewesen sei. Yoko und sich beschrieb er als zwei leicht übergewichtige Ex-Junkies.[81]

Ein Renner wurde das Album nicht. Es kauften nur Hard-Core-Fans. Bei der beobachtenden Kunstszene stand das Pärchen nicht hoch im Kurs: zwei Dilettanten, die sich auf Experimente einließen, freilich zwei sehr populäre Dilettanten. Dilletäntchen?

Um den Aufruhr zu dämmen, musste die LP in einer braunen Papiertasche vertrieben werden. In England presste man ohnedies nur 5000 Exemplare. Ein Apple-Angestellter schnappte sich ein paar „Apple-Scruffs", also weibliche Fans, die vor dem Studio lungerten, um einen Blick auf die Fab Four zu erhaschen und stellte sie an, um die LP in die Taschen zu bringen. Das taten sie auch in den Kellerräumen des deaktivierten Apple-Shops.

Im Kontext der Lennon / McCartney-Texte von „Abbey Road" aus demselben Jahr spürt man bei diesem Opus etwas von dem Dada-Hauch, der die Künstler umwehte.

"Dada" produzierte sich Yoko beim Live-Act der „Plastic Ono Band" in Toronto. Erfand sie die Cabaret Voltair-Auftritte von Hugo Ball neu, als sie – extrovertiert wie manche Dada-Protagonisten, namentlich Raoul Hausmann – in einen weißen Bettbezug gehüllt als Landschulheimnachtgespenst auftauchte?

Ihr Gatte John gab ein spontanes Live-Konzert und gruppierte dazu aus dem Nichts heraus eine Cream-de-la-Cream Band mit Eric Clapton, dem Ex-Gitarrengott als Leadgitarristen, Klaus Voormann, dem Freund aus Hamburger Rotlichtzeiten am Bass, Manfred Mann[82] und dem Alan Price- / Air-Force-Drummer Alan White an der Batterie. Voormann schilderte in seiner Autobiographie,[83] sie hätten bereits im Flugzeug gesessen, als sie das Programm zusammenstellten und sich auf Klassiker wie ‚Blue Suede Shoes', ‚Money' und ‚Dizzy Miss Lizzy' einigten

Dann betraten sie die Bühne und bei Carl Perkins „Blue Suede Shoes" geisterte das selbstverliebte japanische Gespenst auf der Bühne her-

---

[81] Anthology

[82] John zählte ihn im Abbey-Road-Interview 1969 als Mitwirkenden auf. Auf dem Cover wird er nicht erwähnt.

[83] Klaus Voormann: „Warum spielst du Imagine nicht auf dem weißen Klavier, John?"

um. Ihr akustischer Beitrag zur Band bestand in seltsamen Schreien und Kreischen: eine kleine Tzarin? Die Performance der offensiven Nicht-Musikerin konterkarierte das Setting. John versuchte, seinen professionellen Kollegen die mit Yoko kreierten Stücke zu erklären: Es gäbe immer denselben Akkord. Eric Clapton verband dies mit einem Bo-Diddley-Rhythmus. Bei seiner Rückfrage, ob Yoko dazu sänge, realisierte der Rocker John durchaus, dass man Yokos Geschrei nicht als Gesang verkaufen könnte. Dann krabbelte Yoko kanadisch in einem Sack herum. Wer ihr irgendwann in die Augen schaute, las aus ihrem bedeutungsvollen Blick lediglich die unmissverständliche Botschaft: „Ich, Yoko, bin ganz ganz wichtig!" Ist das eine zentrale Dada-Nachricht? Die Berliner Manifeste des frühen Dada haben so einen Beigeschmack, vor allem, als Künstler sich selbst als Dada-Papst outeten, selbstgefällig.

Dank der Beschäftigung mit Dada bin ich mir selbst nicht mehr so peinlich: Während ich mich bisher mancher platten künstlerischen Eitelkeiten als Jugendlicher und junger Erwachsener schämte, füge ich mich nun schamlos in die Reihe der Protagonisten des Dada ein.[84] Etwa Max Ernst: „Dadafex maximus"1920, R. Hausmann „Oberdada als Präsident des Erdballs" 19919, „Der dadaistische revolutionäre Zentralrat Gruppe Deutschland: Hausmann, Huelsenbeck, Golyscheff" 1919, Johannes Baader: Präsident Baader 1918 sowie „Die phantastische Lebensgeschichte des Oberdada" 1920. Der „Gelaismus" aus meiner Gymnasialzeit[85] lässt mich nun nicht mehr erröten.

6.4 Lady Gaga

Vierzig Jahre später, 2015 präsentierte Lady Gaga „Imagine" von John Lennon in Baku auf einem weißen Flügel, später mit einer Sonnenbrille a la Yoko Ono. Dabei übertrieb sie nicht den sanften Sound, sondern aktualisierte den Text immer wieder. Ihre Präsentation kontrastierte ihren provinziell provozierenden Namen. Wie sie zu diesem Namen kam klingt ebenso artifiziell wie die Namensgebung von „Dada": Rob Fusari, ein Musikproduzent, reklamierte die Namensgebung von „Lady Gaga" für sich und sein Handy. Die Musik von Stefani Germanotta erinnerte ihn

---

[84] Das ist keine Ironie!
[85] Siehe Kapitel 8

an Freddie Mercury und er zitierte gerne zur Begrüßung „Radio Gaga" von „Queen". Bei einer SMS korrigierte sein Handy „Radio" zu „Lady". Das überzeugte „Stef". Bei ihren Performances unterfüttert sie das „Gaga" reichhaltig für die Publicity.

„Imagine" positionierte sie bei der "1st European Games Opening Ceremony" in Baku, der Hauptstadt des pseudodemokratischen Aserbaidschan passend als freiheitliche Interpretation und bezog damit Stellung gegen die Denke des autoritären Regimes. Gaga goes dada.

7 Urlaute und Publikumsbeschimpfung

Gehen wir hundert Jahre zurück. Die Dadaisten konnten auf viele Reproduktionsmöglichkeiten zurückgreifen, wenngleich oft in rudimentärer Form. Kurt Schwitters[86] produzierte eine Schallplatte mit der „Ursonate", bei der die Kunst spürbar den Künstler packte. Er begann mit wenig strukturierten Lauten und Silben, wie sie aus dem dadaistischen Umfeld bekannt waren. Immer stärker entwickelte er durch Töne getragene Laute. Der Vortragende steigerte sich in einen rhythmischen Vortrag, ohne dass wiedererkennbare Wörter erklangen. Dabei transportierte er Gefühle. Der Klang trug den Charakter von Glossolalie.

Schwitters gelangte vom „destruktiven" Zerstören von Sätzen und Wörtern zu einer „konstruktiven" Klangfolge. Andere Dadaisten warfen ihm vor, „Kunst" zu machen. Schwitters erlebte diese Infragestellung als zutreffende Beschreibung seiner Existenz. Natürlich erinnerte eine „Ursonate" an „wissenschaftliche" Versuche, eine Ursprache zu rekonstruieren.[87] Schwitters würde dem Publikum ermöglichen, unbewusst ihm zu folgen, wenn es in sprachlicher Kontinuität von der Ursprache lebte.

Die „Ursonate" passte zu Dada-Dokumenten wie Hugo Balls „Karawane". Die Akteure hatten professionelle Ansprüche: Das Publikum musste angezogen werden und die Veranstalter von irgendetwas leben. Peter Handke[88] wäre mit seinen „Publikumsbeschimpfungen" nicht po-

---

[86] 20.6.1887 – 8.1.1948

[87] Solche Versuche unternahm schon Jacob Grimm Anfang des 19. Jahrhunderts.

[88] 10.10.19: Heute wurde Peter Handke (*6.12.1942) als Literaturnobelpreisträger 2019 bekannt gegeben: Mit seiner Arbeit habe der 76-Jährige «mit linguistischem Einfallsreichtum die Peripherie und die Spezifität der menschlichen Erfahrung erforscht»

pulär geworden, hätte ihnen nicht etwas Unterhaltsames geeignet. Schlechten Unsinn und schlechte Provokation mag das Publikum nicht.

Handkes Publikumsbeschimpfung begann in der dadaistischen Tradition, die 1966 nicht mehr wirklich überraschte, wie die feixenden Reaktionen des Publikums bei der Uraufführung[89] belegen. Später sprachen die Akteure das Publikum direkt an und erklärten ihm, um was es sich nicht handelte: *„Sie werden kein Schauspiel sehen. Ihre Schaulust wird nicht befriedigt werden. Sie werden kein Spiel sehen. Hier wird nicht gespielt werden."*

Die Schauspieler interagierten mit dem Publikum. Das war keineswegs eine neue Methode. Schon Shakespeare setzte sie ein. Bei Shakespeares Bühnen konnten die Schauspieler ins Publikum schreiten. Handke ließ sagen: „Die Bühne stellt nichts dar, sie ist nicht die Darstellung einer Bühne."[90]

Die Akteure riefen dem Publikum zu: „Sie sind eine Zielscheibe." Dann deklamierten sie: „Das ist eine Metapher." „Metapher…" und wiederholten das Wort, so dass die Aussage an Dynamik gewann.

Liegend deklamierten sie: „Es gibt keine Ordnung." „Es" artikulierten sie „s-s s-s" (akustisch „Es-Es"). Für jeden Zuschauer zwanzig Jahre nach dem Dritten Reich war klar: „SS". Natürlich saßen im Publikum alte Nazis. Die saßen immer irgendwo. Es gab so viele, dass sie sich gar nicht raushalten konnten. Natürlich lebten in der BRD nur entnazifizierte Nazis, einer davon sogar als Bundespräsident.[91] Teilweise drehten die Darsteller dem Publikum den Rücken, sprich den Hintern zu. Am Schluss warfen sie Rosen ins Publikum und drehten damit die Theaterrichtung um. Ein paar Plätze hatten sich geleert. Aber ansonsten machten Publikum und Darsteller den Eindruck, als habe es beiden Seiten sehr viel Spaß gemacht.

---

[89] Die Uraufführung einschließlich der Vorrede ist auf You-Tube zu finden.

[90] Wir denken an Magritte und sein Bild von einer Pfeife, das er betitelte: „Ceci n'est pas une pipe" weil es ein Bild und keine Pfeife war.

[91] Heinrich Lübke konstruierte als Architekt KZs mit. Berühmt wurde sein Ausspruch. „Meine Damen und Herren, liebe Neger…" (als Bundespräsident!) Lübke war in der Heeresversuchsanstalt Peenemünde Bauleiter in der „Gruppe Schlempp". Von 1943 bis 1945 hatte er die Verantwortung für den Einsatz von KZ-Häftlingen. Zur Bräune von W. v. Braun vgl. V. Schoßwald, Wir waren doch auf dem Mond, S.23

2019 erhielt Handke den Literaturnobelpreis und das Nürnberger Staatsspielhaus inszenierte „Kaspar". Wenn der Züricher Dada von der Pervertierung von Sprache durch Politiker und Journalisten ausging, knüpfte Handke formal an: „Kaspar" (der originale, in Nürnberg aufgefundene Kaspar Hauser konnte nicht einmal sprechen) lernt sprechen, lernt Sprache: „Jetzt werden Kaspar die Satzmodelle beigebracht, mit denen sich ein ordentlicher Mensch durchs Leben schlägt."[92] Kaspar nimmt die Modelle an, formt sie aber so skurril um, dass die Struktur bleibt, während der Inhalt abstrus wird. Bei den „Je-desto"-Sätzen sagt er: „Je heller die Wäschestricke, desto mehr Erhängte im Handelsteil."[93] Wie G. B. Shaw in „Pygmalion" formulierte: Die Sprache macht den Menschen, die Herkunft macht es nicht.

Natürlich spielte bei einer Premiere im November 2019 im Hintergrund der Streit um Handkes Äußerungen zu Serbien im Bürgerkrieg eine Rolle. Das Thema ließen sich die Journalisten nach dem Nobelpreis nicht entgehen und stürzten sich wie ausgehungerte Hunde darauf. Journalisten leben von so etwas. Wovon lebt ein Stückeschreiber? Und wofür lebt er? Ich stehe auf Handkes Seite. Seine Position kann ich nicht teilen, weil ich nicht betroffen bin. Aber ich stehe auf der Seite der Freiheit des Denkens und des Redens wie auch der Freiheit der Kunst[94].

Der Regisseur[95] baute im Nürnberger „Kapsar" 2019 die Kontroverse zielsicher sauber ein. Dabei ließ er Handke akustisch zu Wort kommen. Das sprachlich entlarvende Stück „Kaspar" stellte den Autor selbst zur Rede. Das war künstlerisch sehr gekonnt integriert und unterschied sich von Autorenbeschimpfungen durch Journalisten, die einen Schriftsteller mit einem Politiker gleichsetzen, aber die Parteinahme ihrer Zunft nicht reflektieren. Vielleicht liegt Handke mit seinen Äußerungen daneben, aber das ist sein gutes Recht und sein Beitrag zu einer Diskussion, die gerne von „political correctness" entartet wird. Ist das nicht eine herrlich zynische Bemerkung über liberale Journalisten? Jeder denkende Mensch weiß, dass es im Krieg mehr Opfer als Täter gibt, dass Opfer und Täter

---

[92] P. Handke, Kaspar, 1968, Spektakulum 12, S.140

[93] ebd. S.140f

[94] Eigentlich bin ich sogar für Pressefreiheit. Aber das ist kein Freibrief für Selbstgerechtigkeit.

[95] Er führte es schon 2013 in Mainz auf.

in einer Person leben können und dass es so gut wie nie eine gute und eine böse Seite gibt, sobald es um konkrete Aktionen geht.

Zurück in zwei 50er-Schritten aus dem zweiten Jahrzehnt des 21. Jahrhunderts und den Sechzigern in das zweite Jahrzehnt des 20. Jahrhunderts.

Kurt Schwitters verband seinen Versuch, aus Dada ein Weltbild zu konstruieren, mit dem Titel „Merz". Da hört jeder zunächst „März", jenen konstruktiven Monat, mit dem der Frühling beginnt. Tatsächlich aber fand Schwitters den „Begriff" „Merz", als er 1919 eine Collage mit Ausschnitten aus Zeitungen, Abfällen und Reklameprodukten erstellte. Eine Reklame für die „Kommerz- und Privatbank" machte ihn auf den Wortteil „merz" aufmerksam, der sich auch in „Ausmerzen" findet. Da entstand eine politische Aussage quasi als Abfall aus Abfall. Schlagerdichter würden eher Herz, Nerz und Scherz assoziieren.

Schwitters wollte nicht politisch aktiv werden, sondern als Künstler agieren. Das bescherte ihm von seinem früheren Kollegen und Freund Richard Huelsenbeck die abfälligen Skizzierungen „Genie im Bratenrock" oder „Kaspar David Friedrich der dadaistischen Revolution".[96] Folgerichtig durfte er nicht bei der „Ersten Internationalen Dada-Messe" (Berlin) ausstellen. Da rief er die „Dada Hannover" ins Leben. Die führenden Dadaisten lehnten „Kunst" ab. Schwitters war noch dadaistischer und zerstörte das destruktive Element. „Merz" deklarierte er als Kunst und sprach von „Merz" als einem „absolut individuellen Hut, der nur auf einen einzigen Kopf paßt", eben auf Kurt Schwitters Kopf.

7.1 Wahrnehmung

Die Dadaisten entlarvten die Welt. Das konnte sehr weit gehen. Mit Konventionen wurde gebrochen, auch mit sprachlichen Konventionen, was zweischneidig ist, weil man sich dann nicht mehr leicht verständigen kann. Missverständnisse können aber zu Aggressionen, gar zu Feindschaften führen. Ein harmloser Klassiker wäre folgendes Bild:

---

[96] Huelsenbeck, „Am Anfang war Dada" diffamierte noch Jahrzehnte alle, die nur Künstler sein wollten, als Agenten des herrschenden Systems, das Dada zerbrechen wollte.

Das ist 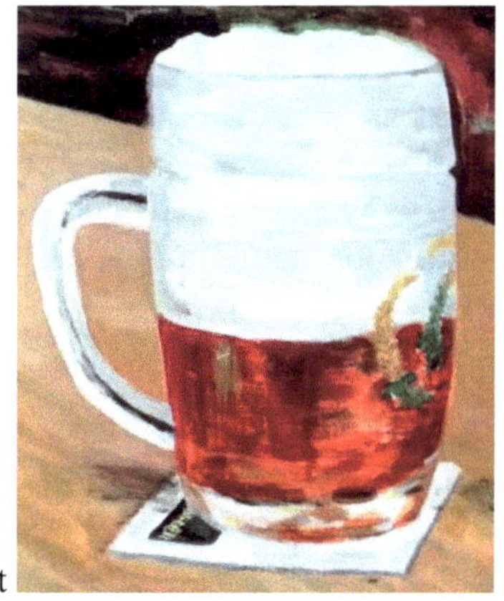 kein Bierkrug.

Jeder denkt: Natürlich ist das ein Bierkrug. Ich bekomme gleich schon Durst… Aber es stimmt schon: Das ist kein Bierkrug, sondern das Bild eines Bierkruges. Man merkt es am einfachsten, wenn man versucht, einen Schluck Bier zu nehmen…

In der christlich-abendländischen Kultur gibt es ein wichtiges Beispiel. Für die Katholiken ist die Hostie Gott selbst. Wenn ich als Nicht-Katholik eine geweihte Hostie hochhalten und sagen würde: „Schaut mal, das ist euer Gott!" gäbe es Ärger. Natürlich wissen auch Katholiken, dass Gott nicht einfach aus Mehl und Wasser gebacken wird. Trotzdem gehen die römischen Priester davon aus, dass während der Eucharistiefeier dieses Backstück aus Mehl und Wasser sich in Gott verwandelt. Deswegen werden die übriggebliebenen geweihten Hostien in ein Tabernakel verschlossen und darüber eine Kerze als ewiges Licht angezündet: „Hier ist Gott leibhaftig." **DADA**?

7.2 DadaGuruGuru

In den Siebzigern brach im Land der Dichter und der Denker ein Blumenstrauß von Rockmusik auf.[97] Wer genau hinhörte, entdeckte dadaistische Signale, bei „Guru Guru" bereits im Namen. Drummer und Songwriter Mani Neumeier[98] kreierte Texte, die an Schwitters und Co. erinnerten, ohne dass er sich auf sie berufen musste. Sie wuchsen aus

---

[97] Die Angloamerikaner titulierten es nach Kohl als germanischem Grundernährungsmittel „Krautrock", während die Rattles in der Flower-Power-Ära Blumenkohl besangen: *Cauliflower*.

[98] * 31. Dezember 1940

ihm selbst. Dada kann immer wieder neu entstehen, der Dada-Samen liegt in uns.

Nach einem Konzert im unterfränkischen Haßfurt 2018 standen wir beisammen, Wolfgang, Stefan, Manfred und Volky[99]. Mani Neumeier schlenderte herbei und wir räsonierten, ein Kennzeichen unserer Musikgeneration sei, sich nicht einfach zu reproduzieren, sondern mit spontanen Veränderungen lebendig zu bleiben. Uns verband das Gefühl, noch jung zu sein. Optik und Mathematik sprachen dagegen. Mani Neumeier wehrte sich gegen den künstlerischen Erstickungstod durch Reproduzieren. Alle wissen, dass das nicht so einfach geht, weil wir auf der Bühne unsere Erfahrungen einbringen und Gags oder Formen, die sich bewährt haben, wiederholen. Beständig überraschend Neues bringen zu können ist illusionär.

Vermutlich räsonierten die (jungen) Dadaisten in der Züricher Kneipe Cabaret Voltaire 1916 nicht über die Langlebigkeit von Provokationen, sondern dachten nur an die Gegenwart und nicht, wie lange sie es durchhalten könnten, permanent zu schocken. Ein Jahr später stellten sich schon die ersten Fragen ein und Anfang der 20er war es vorbei mit dem permanenten Kulturschock.[100]

Seine großen Erfolge feierte Alice Cooper[101] als „Schockrocker". Wie kannst du dein Stammpublikum stets auf Neue schockieren? 1983 betitelte er seine achte LP mit „DaDa" und versah sie mit einem Gemälde nach Salvador Dali „Auf dem Sklavenmarkt verschwindet Voltaires Büste" – ein Hinweis auf das Cabaret Voltaire.

Mit „I Love America" parodierte er die patriotischen Gesänge von US-Rockern: „I love that mountain with those four big heads… I love a commie, even if he's good and dead". Der Mountain war Mount Rushmore und die Commie-Bemerkung bezog sich auf die hysterischheuchlerische Kommunistenhetze in den USA unter McCarthy in den 50ern. "I love the bomb, hot dogs and mustard, I love my girl, but I sure

---

[99] Manfred „Mac Härder" vom „Totalen Bamberger Cabarett", Volker „Volky" von „Popenspötter"

[100] 1972, noch auf dem Höhepunkt des „Glamrock" realisierte David Bowie: „Du kannst nicht fünf Jahre an der Spitze stehen und zügellos sein. Irgendwann ist deine Wirkung dahin." Rolling Stone März 2020 S.46

[101] Seinerzeit galt er als populärer Konkurrent zu David Bowie.

don't trust her." Die Liebe zur Atombombe wird durch die Hot-Dogs mit Senf ad absurdum geführt, ebenso wie eine Liebe ohne Vertrauen zu seinem Girl. Der Titel „Dada" macht keinen Sinn, auch keinen dadaistischen. Er scheint im Suff geschrieben zu sein, passend zum seinerzeitigen Zustand von Alice Cooper. Dem Alkohol verfallen musste er trotzdem ein neues Schocker-Album produzieren. Immer schocken zu müssen überfordert. Dass Menschen im Stress ihre Probleme im Alkohol ersäufen wollen wie junge Katzen im Sack kennt man aus vielen Profi-Bereichen. „Dada" von Alice Cooper scheint eine ungewollte Satire auf das Rock-Geschäft der großen Plattenfirmen zu sein. Nicht das Werk, sondern seine Existenz ist DADA. Das passt zur Grundintention der frühesten Dadaisten.

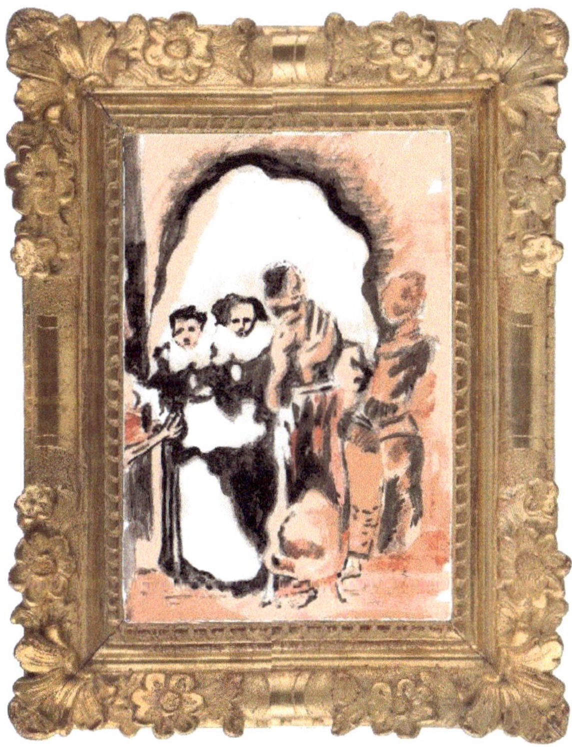

Dali gestaltete die Büste Voltaires als Vexierbild,[102] so dass man das Gesicht des Philosophen zugleich als zwei Kleriker sehen konnte. Bei Coopers Coverversion muss man sich mehr Mühe machen, weil es das komplette Cover beherrscht.

---

[102] Nachempfunden vom Autor

Das Vexierbild hat eine dadaistische Funktion, weil man seinen Augen nicht auf Anhieb trauen kann: Man kann auch etwas völlig anderes sehen.

Zurück zu Guru-Guru. „Guru Gurus"-Sound bleibt erkennbar, aber Mani Neumeier reproduziert nicht ständig, sondern variiert gerade auch im Bereich der Klangerzeugung. Frühe „Guru Guru" - Tracks können Lautgedichte sein.

Woher stammt der Trommler? Ach, ein Münchner! Sic! Von skurrilen Kneipen der „Mönchsstadt" erzählte Ringelnatz schon vor hundert Jahren. Auch Hugo Ball agierte zunächst in München, bevor er 1913 nach Zürich emigrierte? Guru Mani seinerseits migrierte mit dreizehn Jahren mit der Familie nach Zürich[103].

Zürich? Klingeln da nicht die Dadas und Papas? In dieser *Atmophäse* wuchs Neumeier musikalisch auf. Der Zweite Weltkrieg war noch präsent, nach den Dadaisten bahnte er sich an.

Wenn Mani Neumeier, der Drummer und Creator während des Songs hinausschleicht, sich hinter Vorhängen kostümiert und dann seinen Elektro-Lurch performed, knüpft er an die alten Zeiten an mit seinem drachenähnlichen Lurchgewand. Das Publikum, mit ihm gealtert, erwartet das. Aber die musikalische Gestaltung variiert, muss variieren, weil „Guru Guru" von Veränderung lebt.

Mani, der Lurch demonstrierte die Verwandtschaft zu Dada. Außer seinem Schlagwerk klopfte er Sprüche wie „Hast du Haschisch in den Taschen – hast du immer was zu naschen…" oder „gevögelt werden ist nicht schwer, selber vögeln aber sehr".

Vögel? Bei der Performance von „Blue Huhn" karrte er 1981 einem On-Dite zufolge Käfige mit Hühnern aufs Podium, öffnete die Käfige und befreite das Geflügel Richtung Publikum.

Später zog er durch Steppe und Urwald, nahm Geräusche auf und kommunizierte mit Tieren rhythmisch. Letztlich ist für ihn das Universum „Klang" und er setzt seine Teile des Universums entsprechend ein.

Die „Resonanztheorie" von Hartmut Rosa[104] untermauert dies. Nach Rosa steht der Mensch in verschiedenen Beziehungsebenen (zu anderen

---

[103] Für politisch sensible Menschen ist die Schweiz mit ihrer pathologischen Selbstgerechtigkeit eine Zumutung.

[104] Hartmut Rosa: Resonanz. Eine Soziologie der Weltbeziehung; 2016. Meine Weiterführungen sind nicht immer im Sinne von Rosa.

Menschen, zu Dingen oder Tätigkeiten, zu Natur, Gesellschaft oder Religion). So kann eine gegenseitige Resonanz entstehen: Ich klinge mir aus dem anderen entgegen und umgekehrt.

1979 beschränkte Neumeier sich fast stammelnd auf „Was für ‚ne Welt!". Das stellte die „Welt" in Frage, auch „musikalisch": Er schüttete metallene Gegenstände auf die Bühne und trommelte darauf herum. Sollte das auf CD konserviert werden? Mit seinem Schweizer Tonfall grinste der gebürtige Münchner „aber nur als Bonus-Dreck".

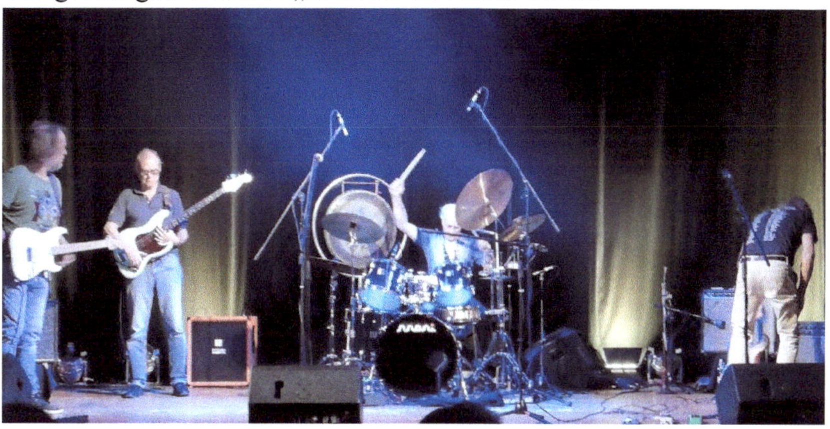

„Guru Guru" in Haßfurt 2018, spielfreudig wie 2008 in Nürnberg und 1978 in Schweinfurt. Wolfgang und ich waren jedes Mal dort und können es bezeugen.

7.3 Klingelfratz und Ringelnatz

Vielleicht diente es seiner Publizität, dass Hans Gustav Bötticher[105] nicht den Dadaisten zugeordnet wurde. Der Dichter mit dem Bühnennamen „Ringelnatz" verdankte seine Berühmtheit einem unorganisierten Quer-Sinn. Ringelnatz servierte vordergründig lyrischen Nonsens. Man hörte zunächst nicht heraus, wodurch diese Lyrik motiviert wurde. Manche Interpreten verweisen auf Böttichers Biographie. Das trifft immer zu. Kein Dichter dichtet ohne seine Lebensgeschichte.

Kurzfassung: Ringelnatz war eine *Flur*geburt (7.8.1883). Der Junge blickte zu seinem Vater Georg auf, der vom Musterzeichner zum erfolgreichen Schriftsteller avancierte und neben Kinderbüchern auch scharfe Satiren auf den Wilhelmismus verfasste. In der Schule hänselte man Hans wegen seiner vogelartigen Nase, seinem vorstehenden Kinn und

---

[105] 7.8.1883-17.11.1934

seiner Kleinwüchsigkeit. Er erlebte sich als manifestierte Karikatur. Kein Wunder, dass er aufsässig wurde. In der Quinta verließ er den Pausenhof und ließ sich bei der Völkerschau im benachbarten Zoo ein Tattoo auf den Arm stechen. Damit prahlte er in der Schule und wurde prompt derer verwiesen. Nach dem Abschluss auf einer Privat-Schule stand im Zeugnis, er sei „ein Schulrüpel ersten Ranges" gewesen. Wer weiß, wie es ihm als „Schnittchen" ergangen wäre.

Sein Leben lang kämpfte Ringelnatz mit seiner Kleinwüchsigkeit. Während andere weiterwuchsen, blieb er zurück. Seine Gefühle und Bedürfnisse entwickelten sich anders als sein Körper, so dass sie an seiner Besonderheit zu leiden hatten. Das könnte hinter seinem Gedicht vom „Briefmark" stecken. Einen Briefmark gibt es nicht im Duden. Darf es im Leben einen kleinwüchsigen Ringelnatz geben?

> Ein männlicher Briefmark erlebte
> Was Schönes, bevor er klebte.
> Er war von einer Prinzessin beleckt.
> Da war die Liebe in ihm erweckt.
> Er wollte sie wiederküssen,
> Da hat er verreisen müssen.
> So liebte er sie vergebens.
> Das ist die Tragik des Lebens![106]

Was machte dem kleinen Mann Mut, auf den alle automatisch herunterschauten? Litt er unter Plattitüden, die ihm angeboten wurden? Ein männlicher Briefmark erlebte… die Tragik des Lebens!

Der alltägliche Faschismus heißt: Die Schwachen dreschen auf die Schwächeren ein. Als er, um Abenteurer zu werden, zur See fuhr, diffamierte ihn der Kapitän als „Nasenkönig". *„Meine lange Nase und mein zackiges Profil reizten zur Karikatur. Aber mir scheint, dass die meisten Maler über der Karikatur das Porträt vergaßen."* erklärte Ringelnatz, verdichtete die Erfahrung und brachte sie zum folgerichtigen Abschluss. Nein, das ist nicht Dada, aber es gehört in die Umfelderfahrungen.

Die lange Nase
Hans wird der Nasenkönig genannt,
Denn er hat eine lange Nase.
Sie rufen's ihm nach auf der Straße.

---

[106] Die Schnupftabaksdose, 1924

Hans läßt sie rufen; er macht sich nichts draus,
Die Eltern und Bruder und Schwester zu Haus,
Sie lachen ja alle so oft ihn aus
Und spotten über die Nase.
Hans kommt in die Schule. Er hört, daß man lacht,
Daß man sich über ihn lustig macht,
Daß man vom Nashorn, vom Rüsseltier spricht
Und von der Gurke in seinem Gesicht. –
So folgt ihm der Ulk auf Schritt und Tritt
Und Hans lacht mit.
...

In der Nacht, im Garten vorm Rasenplatz,
Da küßt sich die Liesel mit ihrem Schatz.
Sie tanzen, sie springen, sie singen vereint,
Und drüben, über der Straße,
Im Stübchen, wo noch die Lampe scheint,
Sitzt Hans vorm Spiegel und weint und weint
Über die lange Nase.[107]

Der kleine Nasenkönig bewegte sich durch die große Welt der Kurznasigen[108]. Der Spott bohrte in ihm. Er konnte nicht so heftig spotten, wie er selbst erniedrigt worden war. Durch seinen Spott klingt oft genug der Schmerz, etwa bei Sorge dividiert durch 2 hoch x.

Sorge dividiert durch 2 hoch x
Grübeln und grübeln nun stundenlang –
Bing – Bumpf – Bang – –
Korks jetzt! Lona, und prost! Kling! Klang!
Ein Schurke ist gar kein Feind.
Hoch steht überm zeitlichen Raffinement
Die ewige Regel:
Daß immer mal wieder die Sonne scheint.
Liebstes, armes, verquollenes Kind,
So wie wir beide im Augenblick so sind,
Scheint uns die Sonne noch immer recht anständig lind.
Ihn macht sie frösteln oder sie kocht ihn jetzt heiß.
Bleiben wir aber so!
Sein wir nie schadenfroh!
Ist auch die Sache sehr unangenehm –
Jedes w soll schwinden im Schweiß,

---

[107] Gedichte, 1910
[108] Die Chinesen verspotten oft genug Europäer wegen ihrer langen Nasen: *cháng bízi*. Das hülfe Ringelnatz in Europa freilich nicht.

Oder – nein, vor allem und außerdem – –
Na du weißt – – Und ich weiß – –[109]

Mit diesem Gedicht von 1920 zeigte Ringelnatz die Welt, die nicht von den Regeln beherrschbar ist, auch wenn „die Sonne immer mal wieder scheint". Bei seinen Auftritten in der Künstlerkneipe „Simplicissimus" in München 1909 lernte er Emmy Hennings, später in Zürich bei Hugo Ball Mitbegründerin des Dadaismus.

Im „Simplicissimus" ging es nicht um die große Bühne, sondern um Kleinkunst. Bei Kleinkunst geht es oft genug um Existenzen. Wer von der Kleinkunst leben will, nagt mitunter am Hungertuch, während der Zweifel an ihm nagt, ohne sich zu sättigen und er Galgenlieder singt, weil sein Leben an dünnen Fäden hängt. Ringelnatz verwortete die Absurdität: *„Wenn alle Stricke reißen, dann hänge ich mich auf."*

1924 erreichte er mit seinem „Geheimes Kinder-Spiel-Buch mit vielen Bildern" kaum Kinder, verstörte aber nicht nur Pädagogen. Seine Gedichte enthielten gezielt böse antiautoritäre Regeln[110]: Zerschlage das Mobiliar, mach die Wohnung dreckig, quäle die Tiere, spiele mit Kotklößen, baue Bomben, die echt explodieren… Darauf angesprochen können die Kinder zu Lügen greifen, empfahl Ringelnatz.

Am populärsten wurde sein „Kuttel Daddeldu" mit den „Seemannsgedanken übers Ersaufen":

Ich sterbe. Du stirbst. Er stirbt.
Viel schlimmer ist, wenn ein volles Faß verdirbt.
Aber auch wir wollen erst ausgetrunken sein.
Besauft euch beizeiten.
Alle Flüssigkeiten
Finden sich wieder ins Meer hinein,
Wo wir den Schwämmen gleich sind,
Wo uns nichts gebricht,
Weil wir weich sind.
…
Ein Schuft, wer mehr stirbt, als er sterben muß!
Aber muß es sein, dann nicht schüchtern.
Ersaufen ist auch ein Genuß,
Und vielleicht wird man dann nie mehr nüchtern.
Denn nur über das Fleisch und die Knochen

---

[109] Ringelnatz, Turngedichte
[110] vgl. die böswillige Verleumdung der Erziehungsmethode von Summerhill.

Weiß man was, offenbar.
Aber sonst hab' ich noch keinen gesprochen,
Der richtig ersoffen war.[111]

Hier wird nicht richtig argumentiert, weil vom Sinn im Reden nicht viel übrig bleibt, wenn von dir nichts übrigbleibt. Ringelnatz gehört ins Ringelreihen der Dadaisten, weil er die Verzweiflung kennt und kreativ irrational mit ihr umgeht.

Seine Frau Leonharda, die er zärtlich Muschelkalk nannte, heiratete er 1920. Trotz seiner Erfolge in München erwartete er mehr von der Hauptstadt und zog ab 1929 etappenweise nach Berlin. Kaum an der Macht, verbrannten die Nazis seine Bücher und er erhielt Berufsverbot. Seine Tuberkulose führte 1934 zu seinem Tod, während seine Gegner Millionen in den Tod führten.

Ich bin der Tod. Ich trinke weder Wein
Noch esse ich Kuchen,
Noch sonstwas. Ich bin nur Gebein.
Aber ich muß jeden Menschen einmal besuchen,
Um ihn - früher oder später -
Dorthin zu holen, wohin Mütter und Väter
Und manches Kind
Schon lange geholt worden sind.

Dort werden die Schlechten ausgelesen.
Aber die Anderen, die gut gewesen,
Kommen wieder fröhlich hervor,
So Kasperle mit goldnem Humor.

BRRRRRR![112]

7.4 Straßenschildersätze by Daniel Spoerri

Aus der Dichtung blicken wir zur gestaltenden Kunst und zum Rumänen Daniel Spoerri. Rumäne? Wie das Urgestein des Dada, Tristan Tzara, geb. Samuel Rosenstock? Herr Spoerri hieß bei seiner Geburt Daniel Isaac Feinstein. Rosenstock? Feinstein? Hat Dada etwa jüdische Wurzeln? Wer rabbinische Geschichten und die dazugehörige Rabulistik

---

[111] Ringelnatz, Hafenkneipe S.14;
[112] Ringelnatz, Auslese, 1931

kennt, kann sich das gut vorstellen. Darum nennt sich die AfD ja auch nicht AfDADA.

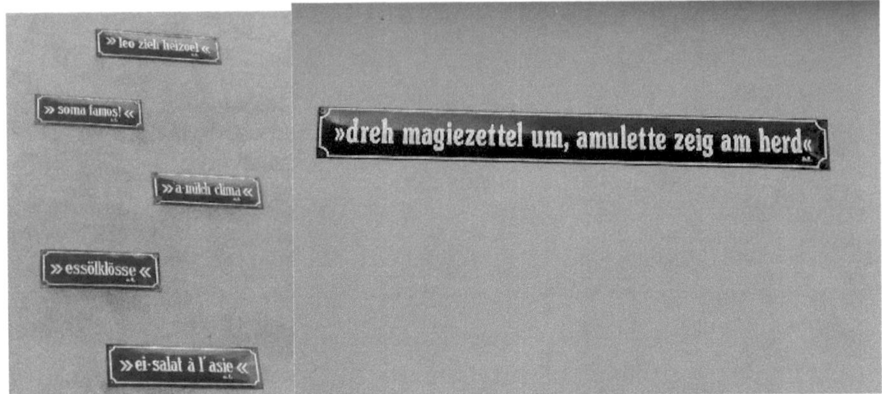

Mitten in der Toskana, kaum zu finden zwischen Bergen und Bäumen entdecken Kultursuchende einen weitläufiger Park der Kunst. Daniel Spoerri[113] verwirklichte sich hier mit eigenen Skulpturen, umgab sich aber auch mit fremder Kunst. Anders als bei Nikki de St. Phalle[114] wurde dieser Park nicht zu einer Touristenattraktion. Man muss sich schon extra dorthin aufmachen und kann nicht einfach von der Via Aurelia mal kurz abbiegen wie zu St. Phalles „Giardino dei Tarocchi".

In seinem naturbelassenen Park montierte Spoerri im Eingangsbereich fingierte Straßenschilder an sein Haus mit Wortcollagen, die Fetzen von Sprüchen enthalten, aber lautmalerisch verfremdet oder neu kombiniert wurden. „leo zieh heizöl" oder gar „dreh magiezettel um, amulette zeig am herd". Dabei agierte er nicht so magiefreundlich wie Nikki, aber er verfasst unmaggische Kochbücher. Dort könnte man „essölklösse" oder „ei-salat à l´asie" finden, vielleicht auch „a-milch clima". **DADA**.

8 „Der Kaspar ist tot" und Religionskritik

„weh unser guter kaspar ist tot" ließ Hans Arp 1919 vernehmen.[115] Wer konnte 1919 der „tote kaspar" sein? Ein Schuft, wer an den Kaiser

---

[113] 1959 traf Spoerri (*27.3.1930) in Paris Jean Tinguely und Yves Klein. Dort entwickelte er die Objektkunst und seine Fallenbilder, in denen die Realität der Kunst in die „Falle" getappt und abgebildet war.

[114] Nikki de St. Phalle war die Gattin seines Freundes aus Pariser Tagen, Jean Tinguely.

[115] Korte, H. / Kupczynska, K., „Dada zum Vergnügen"

dachte, der sich nach Holland absetzte. Dada für den Kaiser wäre zu viel der Ehre. Der Kaspar[116], das ist der, mit dem sich jedes Kind identifiziert. Ohne Kaspar hatten sie niemanden mehr, um sich zu identifizieren. Vorbei die Träume von den schmucken Soldaten in Uniformen. Sie lagen im Dreck, ihre zerfetzten Leiber flogen durch die Luft, mit zerplatzenden Augen rangen sie nach Luft im Giftgas. Kein Kaspar mehr, mit dem man über das Böse lachend triumphierte.

Ein Jahr später ergänzte Arp die Aktionen des Kaspars um die Schiffe auf dem Meer, die an Kaiser Wilhelms triumphsüchtige Begeisterung für die Marine erinnert und mit dem Wort „parapluie" karikiert der triglossale Arp (deutsch, französisch, elsässisch im Elternhaus) die Affinität der Preußen zur französischen Hochkultur mit der gleichzeitigen Verachtung der „Franzmänner", über die schon der kleinbürgerliche Goethe in Auerbachs Keller sinnierte „Ein echter deutscher Mann mag keinen Franzen leiden, Doch ihre Weine trinkt er gern." **DADA**.

Hans Arp[117] gehörte zum Dada-Urgestein. Nach 1920 entwickelte er seine widerborstigen Gedichte weiter, in Richtung Prosa, aber letztlich schien eine definierte Form obsolet. Er wählte die durchgehende Kleinschreibung (kaspar) und bekannte sich zu jener Bewegung, die die Schrift reformieren, entschlacken wollte.

Beim Text entwickelte sich das Gegenteil: Er baute seine Satzteile aus, bereicherte sie, konkretisierte sie. Mit dem Titel „kaspar" sprach er praktisch jedes ehemalige Kind unseres Kulturkreises an. Das gerade der Kaspar tot sein soll, ist unglaublich, denn er ist das Gute und Gewitzte, das sich wie der Hauptmann von Köpenick durchsetzt.

Denken wir nur an Otfried Preußlers „Räuber Hotzenplotz", der mit viel Unsinn und Lust am Fabulieren den Kaspar zum ewigen Sieger werden ließ. Auch bei Preußler spielte die Kaffeemühle eine zentrale Rolle. Dabei zeigte der biedere Lehrer Otfried Preußler höchstens eine unterschwellige Verbindung zu den Dadaisten, zu denen Kaspar selbst genuin

---

[116] Interessant ist bei diesem Stichwort auch Peter Handkes „Kaspar", der zwar an Kaspar Hauser orientiert ist, aber die Absurdität des Zusammenhanges von Sprache und Sein darstellt, mit gewissen Anklängen an G.B. Shaws „Pygmalion" (My Fair Lady).

[117] *16.9.1886 in Straßburg, +7.6.1966 in Basel. Väterlicherseits entstammte er einer holsteinischen Hugenottenfamilie, mütterlicherseits einer elsässischen Familie mit französischem Schwerpunkt.

gehört. Kein echtes Kasperltheater-Stück kann auf dada verzichten.[118] Hans Arp servierte dem Publikum Unsinn mit affektbehafteten Vokabeln. Ein starker Begriff war „Heiliger Bimbam", eine in der damaligen Zeit angesagten Kirchenkritik vorwiegend Richtung katholischem Klerus.

Alte Form:

kaspar ist tot[119]

weh unser guter kaspar ist tot
wer trägt nun die brennende fahne im zopf
wer dreht die kaffeemühle
wer lockt das idyllische reh
auf dem meer verwirrte er die schiffe mit dem wörtchen parapluie und
    die winde nannte er bienenvater
weh weh weh unser guter kaspar ist tot heiliger bimbam kaspar ist tot

Spätere Form:

kaspar ist tot

weh unser guter kaspar ist tot
wer trägt nun die brennende fahne im wolkenzopf verborgen täglich zum
    schwarzen schnippchen schlagen
wer dreht nun die kaffeemühle im urfass
wer lockt nun das idyllische reh aus der versteinerten tüte
wer verwirrt nun auf dem meere die schiffe mit der anrede parapluie und
    die winde mit dem zuruf bienenvater ozonspindel euer
    hochwohlgeboren
weh weh weh unser guter kaspar ist tot. heiliger bimbam kaspar ist tot.

Der „heilige Bimbam" lockt heute keinen Hund mehr unter dem Sofa hervor. Die „Heilige" Katholische Kirche zu karikieren ist obsolet. Sie gleicht bereits einer Karikatur. Jede Verspottung wäre strafbar, aber anders als früher nicht wegen Majestätsbeleidigung oder Verunglimpfung der Religion, sondern wegen Leichenschändung. Keine Frage, wer heute im deutschsprachigen Raum mit religiösen Themen satirisch punkten will und dafür den Mut braucht, den man früher brauchte, der muss sich auf islamische Topoi fokussieren. Im Rahmen der weltweiten Vernetzung ist ihm Gegenwind sicher. Islamistischer Gegenwind enthält oft einen Todeshauch, wie die Redakteure von „Charlie Hebdo" erfuhren. Sie waren nicht die ersten. Salman Rusdhis „Satanische Verse" und dänische

---

[118] Gerne verweise ich auf Volkys Kasperlheater
[119] H.Arp, Gesammelte Gedichte, S.25

Mohamm*end*karikaturen (2005) führten zu Fatwen. Das Christentum war souverän genug, „Das Leben des Brian" der Monty Pythons auszuhalten und humorvoll genug, über Spitzen gegen kirchliche Lehre nickend zu lachen, auch wenn die Briten die Grenzen des guten Geschmacks oft genug überschritten.

Eine geniale Form einer dadaistischen Auseinandersetzung zwischen Naturwissenschaft und christlichem Fundamentalismus nordamerikanischer Prägung lieferte Bobby Henderson mit *„Das Evangelium des Fliegenden Spaghettimonsters"*. Dabei parallelisierte er das eindeutig fiktive „Fliegende Spaghettimonster" als Gottheit mit dem angeblichen christlichen Gott[120]. Der Physiker Henderson vertritt ein sowohl von Darwinismus wie auch ID[121] unterschiedenes Konzept: „Den Fürsprechern des ‚Intelligent Design' muss man zugutehalten, dass sie zu Recht argumentieren, ihre alternative Theorie verdiene dieselbe Aufmerksamkeit wie die der Evolution, da schließlich beide unbewiesen sind. Nicht nur die Evolutionstheorie steht auf tönernen Füßen."[122] Sarkastisch formulierte B. Henderson seine fiktive Alternative: „Wie die Kreationisten wenden auch wir eine etwas unkonventionelle Wissenschaftsmethode an, wobei wir zuerst unsere Schlussfolgerungen festlegen und dann Belege zusammentragen, um diese zu stützen. Damit geht einem die Beweisführung gleich viel leichter von der Hand… Und obwohl wir diese Wissenschaftsmethode mit den Kreationisten teilen, gebührt diesen doch die Ehre, sie zuerst entwickelt zu haben." Ob die das intellektuell meistern?

Aber religiöse Begrenztheit und Borniertheit beschränkt sich nicht auf das Christentum. Vermutlich finden wir es in allen religiösen wie auch atheistischen Gruppierungen. Darum werfen wir kurz einen Blick

---

[120] Viele „Glaubens"-Aussagen von Fundamentalisten sind für uns Christen bodenlos dumm und damit gotteslästerlich.

[121] „ID" steht für die kreationistische US-Bewegung „Intelligent Design". Die US-Fundamentalisten erklären „Gott" für einen „Designer des Universums", wobei sich dieser etwa auf dem geistigen Niveau der weißen US-Gesellschaft bewegt. Sehr peinlich für einen Gott mit Selbstbewusstsein! Aber selbst schuld, wenn er nicht mit einem Schauer von Blitzen dieses Nest ausräuchert!

[122] B.Henderson, Das Evangelium des Fliegenden Spaghettimonsters, 2006, S.15. Deutschland erkannte 2012 *Die Kirche des Fliegenden Spaghettimonsters e.V.* als Weltanschauungsgemeinschaft an. Seit 2015 darf die Spaghettimonster-Kirche in Neuseeland kirchliche Trauungen durchführen, so die „Ministeroni" (Päpstin) Karen Martyn.

zu den Moslems, wobei dies keine monolithische Gruppierung ist. Sunniten und Schiiten kennen Religionskriege, die denen zwischen Evangelischen und Katholischen an Nichts nachstehen.

8.1 „Fatwa" „Salman Rushdie", „Satanische Verse"?

„Fatwa", „Salman Rushdie" und „Satanische Verse"? Das scheint irgendwo im Nebel der Vergangenheit angesiedelt. Die Fatwa, praktisch das Todesurteil gegen den Schriftsteller wurde im Jahre des allgegenwärtigen Mauerfalls 1989 ausgesprochen, am 14.2., dem Valentinstag, dem „Tag der Liebe". **DADA**.

Salman Rushdie[123] lebte als renommierter Schriftsteller in England. In seinem Roman „Die satanischen Verse" (1988) verbinden die Protagonisten Gibril und Saladin Bombay und England. Rushdie baute die Geschichte des Propheten Mohammed in den Roman ein, verbunden mit der Auseinandersetzung des Gründers des Islam mit den angestammten lokalen Religionen. Um die sog. Satanischen Verse geht es ab dem 2. Kapitel „Mahound".[124] Satanisch heißen diese Verse, weil in ihnen die in Mekka verehrten Gottheiten Lat, Manat und Uzza von Mohammed anerkannt wurden. Diese Anerkennung, die zunächst im Koran stand, **MERZ**te Mohammed aus und schrieb sie einer Einflüsterung Satans zu.

Die Proteste von Muslimen gegen Rushdies Buch gipfelten in der berüchtigten Fatwa des berüchtigten Ayatollah Khomeini[125], in der dieser zur Tötung des Autors aufrief. Khomeini, der vor der Revolution gegen den Schah kein Exil in einem islamischen Land fand, sondern sich vom

---

[123] 1947in Bombay geboren, ein halbes Jahr vor Gandhis Ermordung

[124] „Der Koran", übersetzt von Max Henning, Anmerkung zur Sure 53 Vv.21-23. Der Überlieferung nach wurde die Sure in Mekka offenbart. Dort wurden zu Mohammeds Zeit die Göttinnen al-Lat als Frau, al-Uzza als Baum und die Schicksalsgöttin Manat als Stein verehrt. Alle drei wurden neben dem Hochgott Allah (Allah ist kein Eigenname, sondern der Begriff „Gott" wie „El" im verwandten Hebräischen) und anderen Göttern in der vorislamischen Kaaba verehrt. Während einer Stellungnahme zu diesen drei (Schicksals-)Göttinnen diktierte „Satan", als Erzengel Gabriel getarnt: (19) Habt ihr Lat und Uzza gesehen, (20) und auch Manat, diese andere, die dritte? Hier setzt die Variante ein: Das sind die erhabenen Kraniche, auf ihre Fürbitte darf man hoffen.

[125] Der Text der Fatwa auf Englisch: *The author of The Satanic Verses, a text written, edited, and published against Islam, against the Prophet of Islam, and against the Koran, along with all the editors and publishers aware of its contents, are condemned to capital punishment. I call on all valiant Muslims wherever they may be in the world to execute this sentence without delay, so that no one henceforth will dare insult the sacred beliefs of the Muslims.*

toleranten Frankreich aufnehmen ließ, setzte als Staatschef des Iran ein Kopfgeld von 1 Million Dollar auf Rushdie aus. Die Fatwa, der u.a. Gelehrte der renommierten Al-Azhar-Moschee (Ägypten) widersprachen, gilt bis heute, mit einem erhöhten Kopfgeld. Rushdie tauchte mit Hilfe des englischen Geheimdienstes ab und lebte über 10 Jahre getrennt von seiner Familie in Verstecken, die er teils täglich wechselte. In seinem derzeitigen Domizil in den USA bezeichnet Rushdie die Drohbriefe, die er bekommt, als Valentinsgrüße. **DADA**.

Für westliche Exegeten und Religionswissenschaftler ist Rushdies Umgang mit den satanischen Versen des Koran unanstößig; es gehört zu unserem theologischen Handwerkszeug, uns historisch-kritisch mit Texten und ihren Entstehungen bzw. ihren Varianten auseinanderzusetzen. Kirchen- wie dogmengeschichtlich ist deutschen Wissenschaftlern die Verwobenheit zwischen religiösen Inhalten und Traditionen vertraut.[126]

Aus westlicher Sicht haben Autoren das Recht, kritische Texte zu verfassen und zu veröffentlichen. Die Christen in Deutschland müssen sich immer wieder Kritik und Satire gefallen lassen, haben aber zugleich das Recht, selbst zu kritisieren oder zu karikieren. Ein solcher Christ war etwa Joachim Kardinal Meisner, der just am Tag der Fatwa Erzbischof von Köln wurde, jener Stadt, in der sich später ein Kalif von Köln[127] mit dem „Kalif-staat" positionierte… Es gibt islamische Länder, in denen nicht einmal christliche Kirchen gebaut werden dürfen.

Die Tatsache, dass die Geschichte christlicher Gemeinschaften und durch sie dominierte Gesellschaften mit Intoleranz durchwoben ist, mahnt dazu, nicht arrogant zu reagieren, ist aber mehr Motivation als ein Hinderungsgrund, auf Religionsfreiheit zu pochen. Zugleich lehrt diese Fatwa, Fundamentalismus nicht zu bagatellisieren, gerade wenn Fundamentalisten in unserer Gesellschaft Respekt einfordern, aber nicht zollen.

---

[126] Man kennt etwa die Christianisierung diverser Gottheiten bei der Germanenmission.

[127] Metin Kaplan rief am 19. Juli 1996 zur Ermordung des Gegenkalifen Ibrahim Sofu auf: „Was passiert mit einer Person, die sich – obwohl es einen Kalifen gibt – als einen zweiten Kalifen verkünden lässt? Dieser Mann wird zur Reuebekundung gebeten. Wenn er nicht Reue bekundet, dann wird er getötet." Sofu wurde am 8. Mai 1997 ermordet. Nach Jahren wurde Kaplan ausgewiesen, in der Türkei zu lebenslänglich verurteilt (keine Todesstrafe, das bewirkte der deutsche Justizminister Schily), zu 17 Jahren begnadigt und wegen Krebs entlassen. Das Urteil in Deutschland gegen ihn wurde aufgehoben, wegen Verfahrensfehler. In einem Mordprozess (!). **DADA**.

Dabei ist die konkrete Religion marginal. Fundamentalismus als solcher enthält ein großes Gefahrenpotential ähnlich wie Nationalismus, bei dem ebenfalls die konkrete Nation unerheblich ist, wie die internationale Vernetzung der Nationalisten bei ihren Aktionen konkretisiert.[128]

8.2 Irana, Corona, Korana

Die Corona-Pandemie ist religionsunabhängig. Der Ausgangsort ist eher buddhistisch zu verorten, der zweite Schwerpunkt lag im islamischen Bereich, der dritte im christlichen: China, Iran, Italien. Was machen wir im Multikulti-Stadtteil Gostenhof in Nürnberg bei unserer Dreieinigkeitskirche?

Schweren Herzens beschlossen wir im März 2020 alle Gemeindeveranstaltungen und Gottesdienste abzusagen. Das Gotteshaus schützt vor Viren ebenso wenig wie vor Erdbeben. Das wissen wir. Schon Jesus relativierte das Vertrauen auf Gottes schützende Kraft, wenn er anmerkte: „Meint ihr etwa, dass die achtzehn, auf die der Turm in Siloah fiel und sie erschlug, schuldiger gewesen sind als alle andern Menschen, die in Jerusalem wohnen? "[129] Nein, schlussfolgerte er: Wenn Gott so schützen oder bestrafen wollte, müssten alle Menschen sterben. Die Interpretation der Wirklichkeit unter dem Gesichtspunkt „Wunder" ist immer wieder **DADA**.

Das Gotteshaus ist kein Schutzort vor physikalischen, chemischen oder biologischen Gefahren, nicht einmal vor Arroganz, Dummheit, Menschenverachtung und was immer man sich vorstellt, wenn man an etwas denkt, das nicht zu Jesus passt. Allerdings könnte eine Kirche ein Ort sein, wo man Kraft schöpft, die man in Zeiten der Quarantäne immer wieder braucht.

Mit „dada" hat dies dann nichts zu tun, eher mit seelischer Regeneration. Anders ist dies bei einer Geschichte aus dem Iran. In diesem „Hortland des Islam" war das Virus in der heiligen schiitischen Stadt Ghom ausgebrochen, wo tausende chinesischer Studenten leben.

---

[128] Zu den verdummten Positionen von islamischen wie christlichen Fundamentlisten im Bereich der Naturwissenschaften (Big Bang, Evolution) siehe „Wir waren doch auf dem Mond".

[129] Lk 13, 1-9

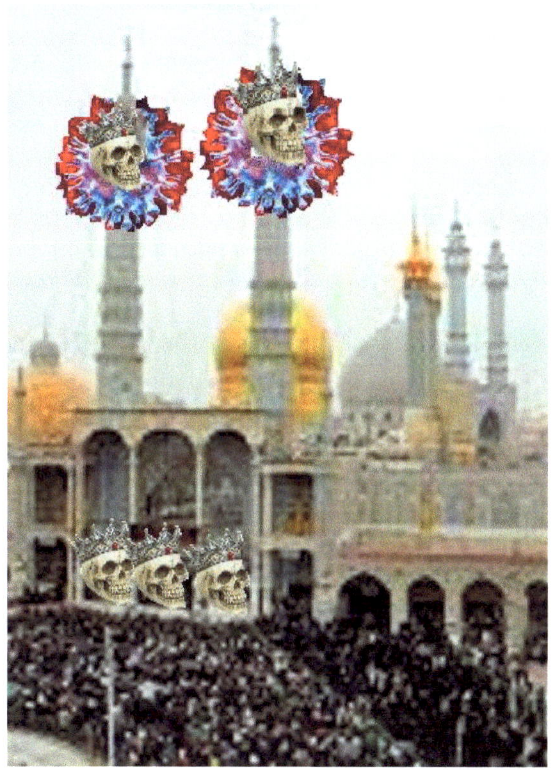

Der Fatimaschrein in Ghom coroniert

Corona wurde in der Islam-Diktatur totgeschwiegen bis Regierungsmitglieder betroffen waren. Dann wurden ganze Städte unter Quarantäne gestellt, nicht jedoch Ghom.[131] Warum nicht? Die Großajatollahs mit Ajatollah Saidi an der Spitze stellten sich dagegen: „In unserer Stadt steht der heilige Schrein der Fatima, der Wunder bewirkt. Wenn wir die

---

[130] ZDF 17.3.20; weiter im Artikel: Etwa neun von zehn Infektionsfällen im Nahen Osten entstammen der Islamischen Republik. Mehr als 16.100 Infektionen und über 980 Todesfälle hat sie vermeldet. … Die ersten beiden Sars-CoV-2-Fälle im Iran wurden am 19. Februar bekannt gegeben. Beide Opfer starben in Ghom.

[131] gmx 11.3.2020

Stadt unter Quarantäne stellen, zweifeln wir an der Wunderkraft und beleidigen damit…" Wen eigentlich? Den Schrein vermutlich. Der aber hatte gar nicht reagiert, als das Virus aus China einflog. **DADA**.

„Der Fatima-Massumeh-Schrein und ein anderes Heiligtum in der Stadt Mesched wurden geschlossen. Medienberichten zufolge stürmten Fundamentalisten daraufhin die Höfe der Schreine und forderten deren Öffnung."[132]

„In der Stadt Ghom, wo der erste Todesfall am 18. Februar bestätigt wurde, haben die Behörden … einen Friedhof am Rande der Stadt binnen kürzester Zeit stark erweitert…. Ausgerechnet in dieser Stadt wollen religiöse Fanatiker den Ernst der Lage nicht begreifen. Nach Wochen des Zögerns hatten die Behörden endlich den Schrein der Fatima Masuma, einer Urenkelin des Propheten Mohammed, geschlossen. Aber am Montagabend durchbrachen Gläubige die Eingangssperre dieses schiitischen Wallfahrtsorts, um sich dort zu versammeln und gemeinsam zu beten".[133]

Versteht sich, dass dies nicht typisch für den Islam ist, sondern typisch für Religion, Aberglaube und Machtstrukturen. Aberglaube gibt es auch bei Atheisten, Machtstrukturen ebenfalls. So kursiert im Iran der Spruch *„Die Schreine heilen nicht mehr, sondern sie machen krank."*[134]

9 Von Heartfield über Staeck in die Provinz

John Heartfield rief: „**DADA IST GROß**…" in Berlin, lange bevor Terroristen mit dem Ruf الله أكبر "Allah akbar" („**ALLAH IST GROß**") neben der Kriegsruinenkirche „Kaiser-Wilhelm-Gedächtnis" Menschen in den Adventstod rissen.

Auf den „**DADA IST GROß**…" - Postern sah man Heartfield in ganz Berlin die Hände wie einen Schalltrichter vor den Mund haltend. Darunter prangte auf dem Dunkel seiner Jacke: „und John Heartfield ist sein Prophet". Oben auf dem Poster prangte „Nieder mit der Kunst" und unten auf einem Streifen „Nieder die bürgerliche Geistigkeit". Dieses Plakat lud zur „Ersten Internationalen Dada-Messe" im Jahre 1920 ein.

Für „Der Dada", die Zeitschrift, die nur dreimal erschien, montierte Heartfield bei „Der **DADA** 3" das Titelbild, **DADIERT** auf „IM JUNI 1917". De facto erschien es 1920. Wir lesen Namen wie Baader, Grosz, Haus-

---

[132] Zdf, ebd.
[133] Focus, 20.3.20
[134] Nürnberger Nachrichten, 20.3.20 S.4

mann, finden aber auch die Zeile „den Siegeszug über veraltete Anschauungen". Heartfield selbst sah sein Bild erst vollendet und damit endgültig im wörtlichen Sinn, als es als Titelbild gedruckt erschien.

Die dadaistischen Zeitschriften erschienen oft nur ein paar Mal und wurden dann eingestellt. Warum? Waren die Künstler kurzatmig? Nein! Die Besatzungsmächte der Nachkriegszeit zensierten und verboten schnell mal eine Zeitschrift. Da galt es, gewitzt zu reagieren und eine neue aus dem müllgetränkten Boden der Geschichte wachsen zu lassen. Gerade die politischen Berliner Dadaisten mit John Heartfield erwiesen sich als findig.

Als Jugendlicher rangierte Heartfield für mich Anfang der 70er neben Klaus Staeck[135]. Mich beeindruckte sein Antifaschismus. Bis heute prägte mich Heartfields Plakat von 1932, auf dem Hitler von der Großindustrie Geld bekommt. Das Bild ersetzte ein analytisches Buch. Auf „Der Sinn des Hitlergrußes" grüßte Hitler mit nach hinten gewinkeltem Arm; hinter ihm stehend legt eine überdimensionierte Figur im Anzug, die Hugenberg sein könnte, ihm mehrere Tausend-Mark-Scheine in die Hand: „Millionen stehen hinter mir".

Klaus Staeck schuf analog so fulminante Plakate wie „dahinter steckt immer ein kluger Kopf", bei dem Franz Josef Strauß eine BILD-Zeitung liest, auf der steht: „Juso beißt wehrloses Kind".[136] So widersinnig wie diese von Staeck erfundene Anklage waren die „Anklagen" der Revanchisten, die sich in der Union sammelten auch. Jeder sollte untersucht werden, ob er auf dem Boden der „Freiheitlich Demokratischen Grundordnung" stünde. Als Wehrdienstverweigerer stand ich in den Augen der CSU selbstverständlich nicht auf „rechtem" Grund. Dass mein Recht auf Kriegsdienstverweigerung auf der FDGO beruhte, konnten Strauß und Co. weder fassen noch akzeptieren. Die CSU stand stets in Opposition zu Grundgesetz und Grundordnung, wenn diese ihr nicht passten – und das war oft der Fall. Am Grundgesetz ließ die Union mehr Änderungen vornehmen als es die RAF je geschafft hat. **DADA**.

---

[135] Der Kunstjurist Staeck gab in seiner „Edition Tangente" auch Auflagenobjekte von Kollegen heraus, wie Joseph Beuys oder Daniel Spoerri.

[136] …dahinter staeckt bestimmt der Staeck, würde ich heute schmunzeln.

9.1 Die Politik ist dada, **DADA** ist politisch

„Juso beißt wehrloses Kind." Ist das „**DADA**" der 70er? Anscheinend führt eine konkrete Linie vom Berliner Dada zum Heidelberger Juristen Staeck, der später als Kunstdozent nach Kassel berufen wurde.

Bei den konservativen Reaktionären oder den reaktionären Konservativen hatte Staeck emotionalen Erfolg. So zerriss 1976 der biedere CDU-Abgeordnete Philipp Jenninger[137] in einer Bonner Ausstellung ein Staeck-Plakat, auf dem stand: *„Seit Chile wissen wir genauer, was die CDU von Demokratie hält."*[138] Hintergrund: Bruno Heck, CIA-Strohmann[139] der CDU beschrieb nach dem Putsch in Chile das Konzentrationslager in Santiago de Chile, das in einem Stadion eingerichtet war und in dem auch gefoltert wurde: *„Das Leben im Stadion ist bei sonnigem Wetter recht angenehm."*[140] **DADA**

Jenninger zerriss Staecks Plakat, das die CDU-Position, die von der Mehrheit der Mandatsträger geteilt wurde kritisierte. Das erinnerte an die Bücherverbrennungen der Nazis und wurde in der Presse als „Bonner Mediensturm"[141] tituliert. Die Ausstellung wurde noch vor Ende des Tages geschlossen, Jenninger drei Monate später mit einer schweren Strafe durch ein bundesdeutsches Gericht[142] belegt: Er musste 10 Deutsche Mark an Staeck zahlen, 35 Mark für dessen Anwalt berappen sowie 18 Mark Gerichtskosten. Immerhin verurteilte ihn später der Deutsche Bundestag dazu, sein Präsident zu werden. Am Ende musste er zurück

---

[137] Der CDU-Politiker war parlamentarischer Geschäftsführer der CDU-Fraktion im Bonner Bundestag und wurde später Präsident des Deutschen Bundestages. Mit seine Aktion gegen Staeck verteidigte er die Diktatur und Folter in Chile.

[138] Staeck, K., die Kunst findet nicht im Saale statt S. 147

[139] Das ist keine Verleumdung, sondern war de facto und de jure so. Vielleicht erlebt man eine solche Verbindung in der CDU auch nicht als ehrenrührig.

[140] Franz Beckenbauer kommentierte in Katar, wo Stadien für die Fussball-WM gebaut wurden, die von Amnesty International angeprangerten Arbeitsbedingungen: „Also, ich hab noch keinen einzigen Sklaven in Katar gesehen. Die laufen alle frei rum." HNA 19.11.2013

[141] Damals war noch Bonn die Hauptstadt der BRD. Bonn? **DADA**

[142] Die deutschen Gerichte waren damals mehrheitlich mit CDU-Anhängern, teils mit Nazi-Vergangenheit besetzt. Gerade unter den Juristen hielten sich die Nazis besonders hartnäckig, da sie sich immer auf geltendes Recht berufen konnten, auch wenn dies von Adolf Hitler persönlich angeordnet worden war. (zu den Juristen der Nazi-Zeit und ihrer Geschichte ausführlicher: V. Schoßwald, Dietrich Bonhoeffer)

treten, weil er in einer Rede zum Novemberpogrom der Nazis deren Diktion so brachte, dass sie wie eine Zustimmung klang.[143]

Union und Demokratie? Vehement setzte sich 2019 der bayerische Ministerpräsident Söder[144] für die Frauenquote in der CSU ein. Dabei ging es ihm nicht etwa um Chancengleichheit für die Frauen, sondern um Wahlerfolge, weil die jungen Frauen der CSU wegrannten. Das drückte Söder unmissverständlich aus, damit es auch die verkalkten Querköpfe der Jungen Union verstünden, die sich ihm widersetzten. Da musste er Farbe bekennen: Es geht um den Erfolg. Erfolg. Erfolg. Erfolg. Erfolg. Erfolg ist Demokratie. **DADA.**

Zurück zum **ATTENTAT DES UNIONS-TERRORISTEN** Jenninger auf das Staeck-Plakat: Dass Hörer von Jenninger nicht klar unterscheiden konnten, was von ihm und was von den Nazis war, erinnert an eine Aktion der jüngsten Vergangenheit. Ein ZDF-Reporter konfrontierte den AfD-Politiker B. Höcke[145] damit, dass man seinen Parteikollegen in hohen Ämtern einen Satz vorlegte, zu dem sie sagen mussten, ob er aus „Mein Kampf" oder von Bernd Höcke stamme. Durchwegs erklärten die Gesinnungsgenossen, das wüssten sie nicht. Sie konnten sich offenbar vorstellen, dass Höcke wörtlich dasselbe sagte wie Hitler. Das Interview wurde durch Höckes anwesenden Presseberater abgebrochen, was der Aktion einen hohen Bekanntheitsgrad verschaffte.[146]

Dada heute? Nochmal Höcke: Das dadaistisch-politische „Zentrum für politische Schönheit" organisierte eine Kunstaktion vor Björn/ Bernd Höckes Haus in Bornhagen im Eichsfeld[147]: Eine Nachbildung des Holocaust-Mahnmals in Berlin, das der gequälte Geschichtslehrer, der den Holocaust nivelliert, weil seine Vorfahren nicht selbst darin umgekommen sind, täglich sehen muss.[148] In Dresden, der braunen Hauptstadt

---

[143] Vermutlich wollte er nur den O-Ton einspielen, aber das misslang.

144

[145] am 15.9.2019

[146] Trotzdem / deshalb wählte 2019 ein Viertel der Thüringer den braunen Geschichtslehrer Hckäää. Ihre Vorfahren agierten 1933 ähnlich. **DADA.**

[147] Bornhagen im Eichsfeld, das ist Realsatire: reinere Nazi-Sprache findet sich in wenigen Orten. „Born" gehört zu den übelsten Versatzstücken von Nazi-Deutsch. In „Lebensborn" züchteten sie „Arier" und die Deutsche Eiche ist Sinnbild für hirnlose Kraft.

[148] Berliner Morgenpost, 03.04.2019; seitdem sponsore ich die Dada-Orga.

Deutschlands, geprägt durch die faschistoide SED hatte er am 17.1.17 erklärt, mit dem Berliner Mahnmal hätte sich Deutschland „ein Denkmal der Schande in das Herz seiner Hauptstadt gepflanzt". Er forderte eine „erinnerungspolitische Wende um 180 Grad".[149] Ein Deutschlehrer würde dies so analysieren: Die Erinnerung soll umgedreht werden. Die AfD lernte von den kommunistischen Gehirnwäschen Mitte letzten Jahrhunderts. Ist Höcke ein Kryptokommunist oder als Westdeutscher gar die heimliche Rache der Roten?

Zurück zu Staeck und dem zerrissenen Plakat, das auf eine Äußerung von Bruno Heck rekurrierte. Der CDU-Politiker Heck[150], im katholischen Konvikt zu Rottweil aufgezogen und später im dortigen Albertus-Magnus-Gymnasium tätig, erklärte 1983: *„Die Rebellion von 1968 hat mehr Werte zerstört als das Dritte Reich. Sie zu bewältigen, ist daher wichtiger, als ein weiteres Mal Hitler zu überwinden."* An ihm erkennen wir den Geist, der die Union lange beherrscht. Gegen Hitler hätten viele gar nicht so viel gehabt, wenn er eben bloß den Krieg nicht verloren hätte… **DADA**

In Wirklichkeit zerstörten die 68er keine Werte, die es noch gab. Es flatterten nur die Worthülsen der Werte aus den Mündern durch die Massen in die Öhrchen. So etwas machten schon die Dadaisten 1916ff. deutlich. Die Nazis professionalisierten lediglich die Entleerung verlässlicher Sprache.

Heute gibt es in Berlin das Dada-Künstlercafé mit so illustren Veranstaltungen wie dem „Dada Jesus-Walk". Jesus Dada? Anfang des 21. Jahrhunderts? Auf dem Flyer lesen wir: *„ Gott – oder Jesus. Dada ist Revolte. Jesus ist Revolte! Der große Marsch der Kulturen kann beginnen ,und ich werde unter Euch sein!' Also, Dada und ,Jesus-Walk', eine Bewegung in der Bewegung, soll allen Interessierten einen Hinweis bieten, dass es hinter dem Horizont noch weiter geht."* „Hinter dem Horizont"? Vermutlich trinkt Udo Lindenberg mit Jesus das Fläschchen Cognac, das Erich Honecker verschmähte.

---

[149] ebd.

[150] 20.1.17-16.9.89 Heck war Verbindungsmann der CDU-Regierung zum CIA. Die Tiefe seiner Beziehung garantierte schon seine zutiefst demokratische Seele. Wie wir wissen, unterstützte die CIA den Sturz des gewählten Präsidenten von Chile, Allende und sorgte für den Aufstieg des Diktators Pinochet, dem der Papst später die Hostie reichte.

9.2 ProvinzHauptStattKultUr

„Drecksfotze", „Sondermüll" und „Knatter sie doch mal so richtig durch": Nach einem Urteil des Landgerichts Berlin muss sich Renate Künast von den „Grünen" in der Öffentlichkeit Kommentare wie "Stück Scheiße" und "altes grünes Dreckschwein" gefallen lassen. Dies stelle "keine Diffamierung der Person der Antragstellerin und damit keine Beleidigungen"[151] dar. Man wie frau ist geneigt, anzunehmen, dass man sich in den Familien von Richtern so anredet, dass Richter untereinander so kommunizieren. Im Netz wurde dies mit Begeisterung kommentiert, indem man mit Verbalschweinereien nur so um sich schlug, um genussvoll die Freiheit, die dieses Urteil sprach, ausleben zu können. Es geht doch nichts über Juristenanarchie.

> Ein deutsches Gedicht:
>
> "Stück Scheiße"
>
> "altes grünes Dreckschwein"
>
> „Drecksfotze"
>
> „Sondermüll"
>
> Dada dada dadas mama mama macht
> mimi mimi mimich sprrrrrrACHlos.

Die Sprache geht bergab, die Sprachkultur auch. Stammtischkultur am Richtertisch. Deutschland als tiefste **PROVINZ**. Berlin als Inbegriff der Provinz.

Putin nackt auf des Pferdes Rücken ist ebenfalls **PROVINZ**. Das Bild könnte dada sein, aber die Russen meinen das ernst! Putin halbnackt auf Pferdes Rücken? Hätte dies ein deutscher Kabarettist per Fotoshop erstellt, erfolgte prompt eine Verleumdungsklage aus Moskau. *Aber nejn,* das machen sie selber… „**DAS PFERD UND DER NACKTE RUSSE**"… War nicht das Pferdchen der Inbegriff von Dada?

---

[151] Nürnberger Nachrichten 20.9.19

Dada scheint Erdogan, der Schiffersohn aus dem Kasımpaşa-Hafenviertel in Stambul mit seinem Statussymbolpalast gegen Minderwertigkeitskomplexe ebenfalls. Erdogan schifft auf alle demokratischen und menschlichen Werte. Der Ort Kasımpaşa liegt in der Nähe der Midasstadt. Midas war jener König, in dessen Händen sich alles in Gold verwandelte, woran er starb. Die „Koran-Nachtigall"[152] vom Bosporus verwandelt ein ganzes Land in eine Hochburg der Debilität und Hirninzucht. Die Türkei ist **PROVINCE PAR *ORDRE* DU *MUFTI*.**

9.3   Fake fürs Fake von President to President by „First Lady"

Donald Trump bietet Recip Erdogan, einem Mitbewerber für "Dada-2100" Paroli und nennt ihn einen "Fool". Ein „Fool" ist in dieser (spontanen, unwiederholbaren, einmaligen) Definition von Mr. President ein „tough guy". Zu andren Gelegenheiten würde er diese Definition nie verwenden. Da wäre ein „Tough guy" ein Junge mit einer Knarre, den jeder „true born american" umarmen müsste.

Genial auch, einem anderen Staatschef zu schreiben: „I worked hard to solve your problems". Das klingt so, als würde Trump nach jahrelangen Übungen fehlerfrei schreiben und Erdogan müsse ihn nur fehlerfrei abschreiben. George „W" Bush hätte geschrieben: „Ich verspreche dir, dein Land mit „Burgher-King" zu versorgen. Dann geht es der Türkei gut und du musst nicht mehr expandieren."

Vergessen wir nie: Hinter diesen Gruselgestalten der Weltgeschichte, die im Geschichtsunterricht des 22. Jahrhunderts keine Erwähnung mehr finden, stehen Bevölkerungen. Trump und Erdogan haben einen Rückhalt, Putin ebenfalls und sogar der Brexit-König Johnson[153].

Jetzt kommt der Witz – was wäre Kunst ohne Witz?!!!!

Die Gattin des Ex-Präsidenten von USA, Hilary Clinton[154] leistete sich ein Trump-würdiges Fake. Sie kramte angeblich in ihren Archiven und förderte einen Brief von JKF an Chrustschow zu Tage, geschrieben während der Cuba-Krise.

---

[152] Spitzname für Erdogan im Studium
[153] Es gab schon mal einen „Johann ohne Land" in England: Jean Sans-Terre, war von 1199 bis 1216 König von England.
[154] Die Geschichte vom Oral-Sex im Oval-Office widerholen wir hier nicht.

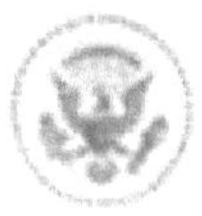

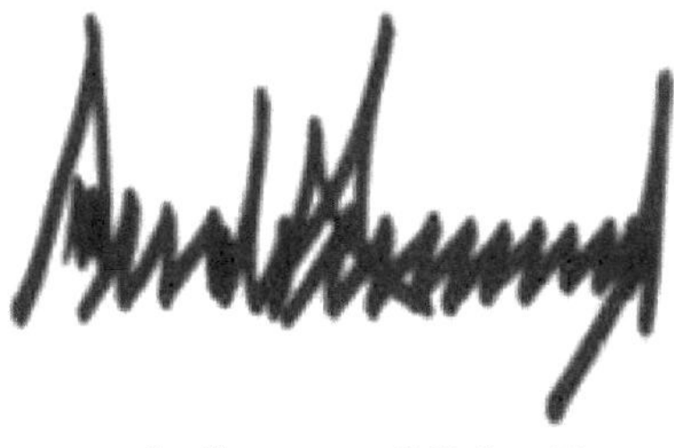

THE WHITE HOUSE

WASHINGTON

October 9, 2019

His Excellency
Recep Tayyip Erdogan
President of the Republic of Turkey
Ankara

Dear Mr. President:

Let's work out a good deal! You don't want to be responsible for slaughtering thousands of people, and I don't want to be responsible for destroying the Turkish economy—and I will. I've already given you a little sample with respect to Pastor Brunson.

I have worked hard to solve some of your problems. Don't let the world down. You can make a great deal. General Mazloum is willing to negotiate with you, and he is willing to make concessions that they would never have made in the past. I am confidentially enclosing a copy of his letter to me, just received.

History will look upon you favorably if you get this done the right and humane way. It will look upon you forever as the devil if good things don't happen. Don't be a tough guy. Don't be a fool!

I will call you later.

Sincerely,

"Don't be a dick, ok? Get your missiles out of Cuba. Everybody will say 'Yay! Khrushchev! You're the best!' But if you don't everybody will be like 'what an asshole' and call your garbage country 'The Soviet Bunion.' You're really busting my nuts here. Give you a jingle later. Hugs, John Fitzgerald Kennedy,"

Sie zitiert dies nur von einer politischen Comedy-Show, aber es wird manches klar: Kennedy bietet Chrustschow freundschaftliche Begegnungen an, so, wie Trump Erdogan einen „Hug" geben will, ihn also umarmen will.

„Don't be a dick" ist very thick. Es bedeutet in der low-level Umgangssprache: „Sei kein Schwanz". Aber es könnte dazu führen, dass er und seine Leute, seine Landsleute „Arschlöcher" genannt werden. Falsch ist der Konjunktiv. Zumindest in Deutschland hat das Verhalten der türkischen Regierung längst dazu geführt, dass türkische „Mitbürger"[155] so beschimpft werden. Da müsste sich die sog. „Community" Gedanken darüber machen, woher das kommt. Aber das klappt nicht, wenn es bei einem Schwarz-Weiß-Denken Ost-West bleibt und Ost per se gut bedeutet. Aber natürlich bedeutet aus unserer Sicht auch „West" nicht per se „gut".

„Sei kein Narr!" schreibt ein Arsch dem anderen… und nimmt damit die Begrifflichkeit seinen Wählern aus dem Mund. **DADA**.

9.4 Die Zwei und Mr. President

Wer denkt bei Dada an „Ihr Auftrag, Al Mundy"[156] oder „Die Zwei"? Wenn man absolut nichts Sinnvolles zu tun hat und bloß mal abschalten möchte, holt man sich eine Tüte Chips, eine Cola und knallt sich vor YouTube. Hier erfreuen uns Robert Wagner als „Al Mundy" mit seinen Diebeskünsten und belanglosen Stories ebenso wie Roger Moore und Tony Curtis als englisch-amerikanisches Duo in platten Kriminalgeschichten. Witziger als das Original waren die deutschen Versionen. Der Dialogautor Rainer Brandt[157] schob den Akteuren so banale Sätze und so assoziative Sinnlosigkeiten unter, dass sich daraus „Kult" entwickelte. Brandt etikettierte seinen Stil als „Schnodderdeutsch". Dem Krimi nahm er einen Teil seiner Natur dadurch, dass er für die Protagonisten aberwitzige Sätze einflocht.

---

[155] Soll man eigentlich Menschen mit doppelter Staatsbürgerschaft irgendwo als „Mitbürger" bezeichnen? Das passt nicht. Und zwar nirgends, weder in dem einen noch in dem anderen Staat, auch wenn die Mehrheit der im demokratischen Deutschland lebenden Türken den diktatorischen Erdogan wählten.

[156] Auf Englisch: „It takes a thief". Zumindest der Grundgedanke ist sehr unterhaltsam, dass sich nämlich die "Guten" eines Verbrechers bedienen und diesen zu Verbrechen anstiften. Klingt amerikanisch, ist amerikanisch – außer dem Namen des Hauptdarstellers: Robert Wagner klingt schon sehr germanisch.

[157] geb. 19. 1. 1936 in Berlin (sic!) war die „Stimme von Elvis" und Textgeber für Bud Spencer und Terence Hill.

Im Grund reagierte Brandt wie ein Dada-Künstler, der die Belanglosigkeit der Vorlage nicht mehr aushielt, den das platte Skript nervte und der darauf unsinnig reagierte. Seine Dialoge sind nicht tiefschürfend, aber sie sind verfremdend, entsprechen nicht der Erwartungshaltung des Publikums – und dem Erfolg nach zu urteilen lechzte das „Volk" nach diesem Unsinn, zumindest in Deutschland. Schon in der dritten Folge leistete er sich bei Mr. Mundy irritierendes: Dieser imitierte einen osteuropäischen Spracheinschlag und verfiel, als er witzig wurde, gar ins Sächsische.

Das war nota bene im Kalten Krieg, als Sachsen zum Ostblock zählte. Sein Namensvetter Willy Brandt setzte sich für ein Ende des Kalten Krieges ein, mit einer Ostaussöhnung, die ihm sogar den Friedensnobelpreis brachte. Zu seiner Erfolgsstrategie gehörten belastbare, verlässliche Aussagen. Ende Oktober 1969, wenige Monate nach der Mondladung, nach Woodstock und der Veröffentlichung von Abbey Road legte er den Kanzlereid ab und propagierte: „Mehr Demokratie wagen!". Die AfD zeigt uns heute, was „wagen" im Kontext von Demokratie bedeutet, indem sie Angst verbreiten. Seinerzeit waren es NPD und DKP, die das demokratische System in Frage stellten und Demokraten diffamierten.

Für manche ist es bereits ein Wagnis, Demokrat zu sein. Wenn ein Bundespolitiker wie Cem Özdemir (Grüne) auf einer rechtsradikalen Todesliste steht und Claudia Roth(Grüne) angedroht wird, sie sei die Nummer zwei, dann ist der Demokratie der Vernichtungskrieg angesagt.[158]

Doch zurück von Demokratie zu Dada: Was Rainer Brandt machte, macht Trump auch. Er ersetzt die politisch korrekten Plattitüden des US-Establishments durch Provokationen – und er hat damit Erfolg. Die Presse regt sich auf, aber sie verschafft ihm damit Publikum. Die Leute gieren nach einem unkonventionellen Verhalten, da das konventionelle sie in immer mehr Krisen führte.

Trump macht Dada.

---

[158] Info Wikipedia: "Atomwaffen Division Deutschland": "Zurzeit sind wir am Planen wie und wann wir Sie hinrichten werden, bei der nächsten öffentlichen Kundgebung? Oder werden sie von uns vor ihrem Wohnort abfangen." (2018)

Dem kann nicht mal Michael Moore etwas entgegensetzen. Michael Moore konnte reaktionäre Politiker wie in seinem „W"[159] wunderbar entlarven, indem er sie verspottete. Aber Trump ist selbst ein Spötter. Witze über ihn laufen leicht ins Leere.

Trump macht Dada.

Damit wird deutlich: Dada als Methode ist wertfrei. Eingesetzt ist Dada nicht mehr wertfrei und keineswegs einfach positiv. Nur weil sie gegen etwas Schlechtes waren, waren die Dadaisten noch nicht positiv.

Trump macht Dada.

Das kann erschrecken. Nun ist zwischen dem alles Zerbrechenden und dem Herrschenden kein Unterschied mehr und der Herrschende ist bereit, alles zu zerbrechen. Bei Trump selbst ist der Selbsterhaltungstrieb, der Machttrieb und die Raffgier so stark, dass er „Dada" nur funktionalisiert.

Allerdings präsentierten sich auch bundesdeutsche Politiker mit Bemerkungen wie „Ich kann nicht immer mit dem Grundgesetz unter dem Arm herumlaufen"[160] und „Was geht mich mein dummes Geschwätz von gestern an"[161] oder in präsenter Konkretion: „Die Maut kommt!!!" Der Bundesverkehrsminister Scheuer (natürlich CSU) propagierte mantraartig in die Mikrophone: „Ich stehe für größtmögliche Transparenz bei der Maut." Dann traf er sich heimlich mit Vertreter der Gesellschaften, an die die Mautaufgaben verteilt werden sollten, zu Millionenpreisen. Darüber gibt es keine Protokolle. Größtmögliche Transparenz? **DADA**. Oder Scheuer: „Horst Seehofer sagte mir, er hätte schon fünf Untersuchungsausschüsse überstanden, für mich ist es der erste." **DADA**.

Damit sind Politiker weder für Worte noch für Taten haftbar zu machen. Dadas bringt zum Schweigen oder zum Stottern. Dadadada....

---

[159] „W" steht für das „W" bei George W. Bush. Seine Eltern waren offenbar zu arm, um sich für den Sohn einen eigenen Vornamen leisten zu können und machten ihn durch das „W" vom Vater unterscheidbar. In unserer Schreibschrift entspricht das „W" einem Hintern. Wie konnten das die Eltern nur bei der Geburt schon wissen? Sie konnten wohl von ihren Kindern nichts erwarten, als ebenfalls „W"s zu sein.

[160] Hermann Höcherl (CSU)

[161] Die *Bayerische Landeszentrale für politische Bildungsarbeit* schreibt Theodor Heuss (FDP) zu: "Was geht mich mein dumms Geschwätz von vorgestern an, mei saudumms!".

Diese Politiker werden in vielen Systemen gewählt, stehen de facto stellvertretend für ihre Wähler. In Deutschland lässt sich mit Anhängern der AfD nicht vernünftig und auch nicht stringent ethisch diskutieren. Sie verweigern sich Argumentationen. Als Beobachter kann ich das nachvollziehen, denn viele politische Argumentationen führen oft genug in die Irre, weil Leute, die besonders gut argumentieren können, nicht unbedingt ethisch so gebaut sind, dass sie eine gute Richtung einschlagen. Dada wäre eine Reaktion. Aber letztlich brauchen wir Argumente.

Als Pfarrer stehe ich sonntags am Alter und bete stellvertretend für die Gemeinde. Ich hoffe, ich mache das gut. Dabei spreche ich zu Gott. Das mache ich nun seit Jahrzehnten. Natürlich bete auch ich für eine friedliche, gerechte Welt und für die Mächtigen in allen Bereichen, dass sie richtige und gute Wege finden. Wenn ich bei Kollegen im Gottesdienst bin, tun die dies ebenfalls. Aber es ändert sich nichts. Wir merken, dass die Bösen, die Rücksichtslosen, die Gierigen sich durchsetzen. Wir merken, dass dies so bleibt und es offenbar keinen Gott gibt, der etwas dagegen unternimmt.[162]

Da können sich gradlinig denkende Christen überlegen: Wie soll auch Gott, wenn er sich als Mensch Jesus von Nazareth unter Menschen zeigte, den Machthabern erfolgreich die Stirne zeigen? Jesus wurde gekreuzigt. Der Kaiser von Rom und seine Vasallen setzten sich durch. Es ist unrealistisch zu erwarten, dass „Gott" sich jetzt gewaltig durchsetzt. Wenn wir Glück haben, motiviert er durchsetzungsfähige Menschen, in der Welt der Mächtigen gute Wege beschreiten zu lassen.

Vielleicht war Jimmy Carter so ein Typ. Aber die „christlichen" Wähler Nordamerikas honorierten das nicht. Sie wählten lieber die Bushs und bestätigten sogar durch die Wiederwahl von George „W" Bush seine gefakte erste Wahl, in der sein Bruder Jeb als Gouverneur von Florida Wählerlisten manipulierte und Wahlmaschinen austricksen ließ. Diesen Wahlbetrüger wählten sie beim zweiten Mal wirklich. **DADA**.

Kurz: Meine, unsere Gebete führen nicht zum erbetenen Erfolg. Das liegt an der Natur Gottes. Fakt bleibt: An die Macht kommen in der Regel die Bösen. An der Macht bleiben dann vorwiegend die Bösen. Ich

---

[162] Wen das theologische Thema interessiert: V. Schoßwald, Allmacht. Kurz, ernüchternd.

sehe das eher als Beschreibung denn als Verurteilung von Machthabern. Es wird ohnedies egal sein, ob ich beschreibe oder verurteile oder gar verunglimpfe, denn machtbewusste Menschen juckt so etwas nicht. Ich weiß das, denn ich habe mein Leben in Bayern verbracht. Der CSU wird schon lange die Arroganz der Macht vorgeworfen, aber das ist ihr schnuppe.

Man kann Machthaber sehr kritisch sehen, aber man muss auch ihren Kontext kritisch betrachten. Damit meine ich nicht nur „Nazi-Deutschland" mit den Millionen Menschen, die später nichts mehr damit zu tun haben wollten. Damit meine ich die Russen oder russischstämmigen Menschen in Deutschland, die Putin[163] zujubeln oder Stalin verherrlichen. Ich meine auch die türkischstämmigen Deutschen mit doppeltem Pass, die in der demokratischen Bundesrepublik den Diktator Erdogan wählen. Ich meine auch die Afrikaner aus Nord- oder Zentralafrika, die zwar in ihrem Land oder für ihr Land nicht wählen, aber in unserem Land eine Gegenkultur bilden, wenn sie Frauen zumindest als minderwertig, wenn nicht gar als wertlos betrachten, die ihre Kinder schlagen, weil dies ihr Recht ist oder gar ihre Pflicht. An diesen Beispielen, die zahlreich ergänzt werden können, ist abzulesen, dass das Böse nicht nur in den offensichtlich Mächtigen wirksam ist, sondern auch in den „einfachen" Menschen, die für sich Rechte beanspruchen, die sie anderen nicht zugestehen oder sogar aktiv verweigern. Wir wissen genau, wie Faschisten mit Meinungsfreiheit umgehen, wenn sie erst einmal an der Macht sind, während sie vorher beklagen, man dürfe seine Meinung nicht frei äußern.

Da bleibt nur noch „dada", denn argumentieren lässt sich nicht mehr, auch wenn die andere Seite es einklagt. Denn die andere Seite versteht unter Meinungsfreiheit nur die Freiheit der eigenen Meinung, die wiederum die Unterdrückung der anderen Meinung propagiert.

Argumente helfen nicht weiter, wenn von vornherein feststeht, was bei einer Diskussion herauskommen soll. Da ist es Gold wert, dass Greenpeace echte Dada-Künstler in seinen Reihen hat. Beim Thema

---

[163] Natürlich desavouiert sich auch Gerhard Schröder, wenn er Putin als Demokraten glorifiziert. Damit macht er die SPD unglaubwürdig.

„Publicity" zeigt sich, dass die Journalisten geradezu nach ihren Aktionen dürsten. Das tun sie, weil ihre Leser ebenfalls Thrill wollen.

Zurück zur hohen Politik, zur hohlen Politik, zum „Nicht-Politiker" im Weißen Haus, Donald Trump, der eine schwarze Form des Dadaismus[164] auslebt.

Nein, ich möchte Donald Trump, den US-Präsidenten, keineswegs als Dadaist glorifizieren, überhöhen oder sonst irgendwie in ein positives Licht rücken. Alles, was ich weiß, geht in die entgegengesetzte Richtung. Damit scheint er für mich zwar kein positiver Protagonist, aber ein Anzeichen einer Dada-Ära zu sein. Die Zeit ist wieder reif für Dada.[165]

Im Ausland, etwa in Deutschland wurde Trump erst durch seine Kandidatur bekannt. Die Journalisten verspotteten ihn etwa wegen seiner idiotischen Frisur. Als sie sich über quere Äußerungen mokierten, entdeckte man ihn als eine unterhaltsame Randfigur des Wahlkampfes. Da hatten sie sich alle getäuscht. Warum? Die Antwort ist: Dada.

Trump präsentiert sich als klassische Anti-Figur. So ist man nicht als Politiker! Damit setzte er sich durch und behielt diese Linie im Weißen Haus bei, freilich nicht künstlerisch befreiend, sondern als einer, der alles für sich nutzt und die Spielregeln der anderen dazu nutzt, sie gegen sie zu verwenden. Wäre Trump ein Dada-Künstler, würde er seine Arbeit hervorragend machen. Aber Dada ist keine Kunst der Herrschaft, sondern der Entlarvung von Herrschaftsmissbrauch. Wenn in Ländern wie Italien oder der Ukraine professionelle Komiker oder Clowns Wahlen gewinnen, dann wohnte dem etwas Entlarvendes, Decouvrierendes inne.

---

[164] Die Assoziation an Satanismus ist beabsichtigt: Dort wird Satan wie Gott behandelt, es werden nur die Vorzeichen umgedreht und das Böse, weil es mächtiger ist als das Gute, angebetet. Empirisch haben die Satanisten natürlich Recht, wenn man so eine Welt wie die mit Gott und Satan überhaupt für real hält.

[165] Ich schreib am 1.9.19 nicht nur 80 Jahre nachdem der Zweite Weltkrieg durch das nationalsozialistische Deutschland vom Zaun gebrochen wurde, sondern auch an dem Tag, an dem Sachsen bei den Landtagswahlen die ideologisch gesehen Nachfolgepartei der NSDAP große Erfolge erzielte. Die Bösen mischen sich öffentlich in das gesellschaftliche und politische Geschehen ein und werden dabei von vielen Bürgern unterstützt. Wer die Bösen unterstützt ist böse. Dada könnte bloßstellen, aber nicht bei Bürgern, die sich taub stellen, die von vornherein auf Einsicht verzichten, für die Dummheit sowenig ein Makel ist wie Bosheit, Lüge und Intoleranz.

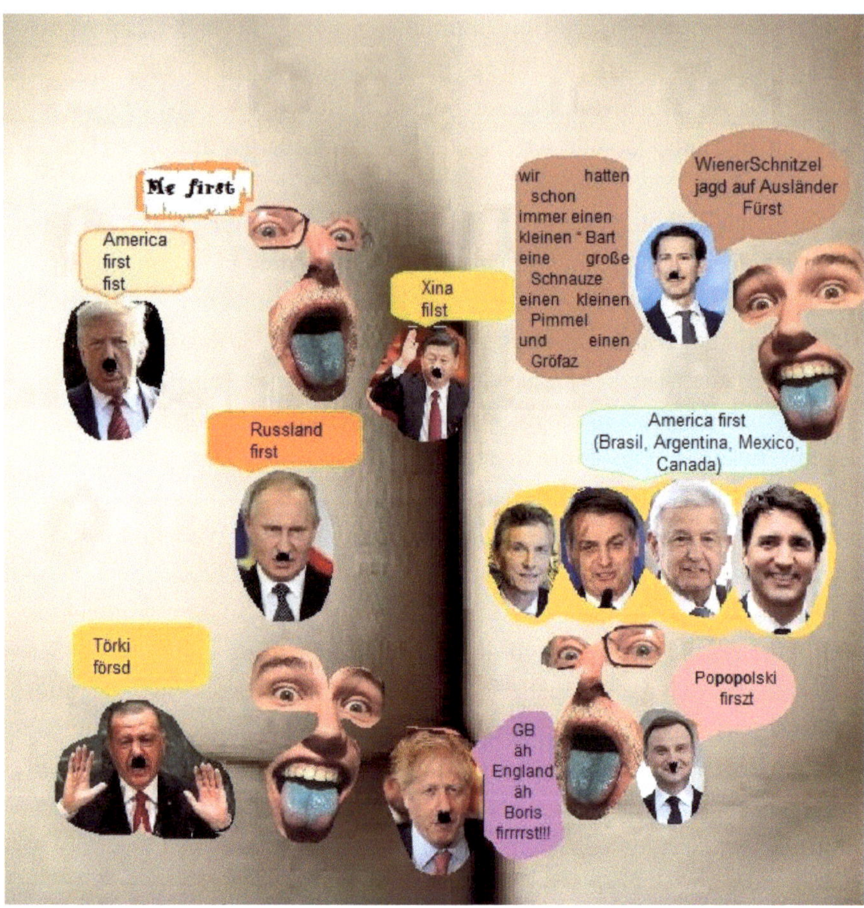

Das folgende Dada-Bild diverser Herrscher ist auf einem Hintern positioniert. Grundlage ist Trumps „America first", eine absolut faschistische Parole. Mit Bärtchen sind die aufgegriffen, die etwas Analoges für das eigene Land propagieren – natürlich fehlen Gauland, von Storch, Höcke und Co. – und unter ihnen befindet sich nicht nur der Regierungschef des Herkunftslandes von Adolf Hitler, sondern auch die Präsidenten amerikanischer Länder, die mit „America First" bestimmt nicht die USA meine, sondern Argentinien, Brasilien, Mexiko und Kanada. Sie haben als Kontrast kein Bärtchen.

Über den englischen Premier Johnson lesen wir in Internet-Reportagen: „Großbritanniens neuer Premierminister Boris Johnson hat die Ablehnung politischer Regeln zu seinem Konzept gemacht - und es trotz unzähliger Skandale, Brexit und Affären bis ganz nach oben geschafft." Die Ablehnung politischer Regeln gehört auch zu meinem Repertoire als sog. 68er. Wir haben erlebt, wie unsere Altvorderen sich mit ihren Regeln und ihren „Anstandsregeln" alles erlauben konnten. Es konnten Pfarrer die Atombomben, die über Hiroshima abgeworfen wurden, segnen und es konnten Bibelverse auf US-Bomben appliziert werden.

Für mich sehen große Verbrecher nicht wie Verbrecher aus, nicht mit Augenklappe, Narbe im Gesicht, eingeschlagener Nase oder schmuddelig, im Gegenteil: große Verbrecher tragen Anzüge, tragen Krawatte und tragen Glatze wie Neonazis, nur mit Krawatte. Sie fahren SUVs als Symbol der Rücksichtslosigkeit mit schwarz gefärbten Scheiben wie Maffiabosse. Sie lieben ihre Kinder und die Mädchen tragen nette Kleidchen. Das Weibchen könnte blond sein und kaum über das Steuer des SUV hinausschauen. Doch das ist schon zu eingeengt. Ich gehe davon aus, dass die skrupellosen Machthaber in der Gesellschaft sich für gute Menschen halten. Zeige mir einen Teufel: Er ist ein Mann mit geschorenen Haaren, Anzug und Krawatte und dickem Auto. Niemand ist so asozial wie die Ausbeuter der Gesellschaft.

Da hilft nur noch Dada vor dem Verrücktwerden.

Ich bin anders

Ich bin anders, hast du das nicht gecheckt.
Ich bin anders, denn ich bin aufgeweckt.
Ich bin anders, du wirst es schon noch sehn,
denn ich kann stundenlang
auf meinem Zeigefinger steh'n…

10 Dada heute

Wofür stehen Dadaisten? Dadaisten stehen nicht, sie sind ständig im Bewegung oder keine Dadaisten mehr. Eine fesselnde Definition tötet Dada. Dada bewegt und bewegt sich. Was verbindet Dadaisten? Wer dadaistisch Kunst macht, ist beherrscht vom Zweifel. Kann irgendetwas in dieser verlogenen Welt nicht bezweifelt werden? André Breton schrieb: „DADA bekämpft Sie mit Ihrer eigenen Argumentation. Wenn wir Sie dahin bringen zu behaupten, dass es vorteilhafter sei, was alle Religionen über Schönheit, Liebe, Wahrheit und Gerechtigkeit lehren, zu glauben, als es nicht zu glauben, dann deshalb, weil Sie keine Angst davor haben, sich DADA auszuliefern, wenn Sie ein Treffen mit uns auf dem von uns gewählten Gelände annehmen: dem Zweifel.“[166] Das Duell findet also auf dem Zweifel statt. Das ist ein prächtiges Feld.

Der mittelalterliche Mönch Martin Luther verstand den Zweifel als grundlegenden Teil des Glaubens. Zweifel ist die Voraussetzung für geistige Entwicklung und Produktivität. Wer erhaben ist über Zweifel, dem fehlt der Motor für den Progress.

Die ersten Dadaisten bewegte der grundsätzlichen Zweifel, den die fundamentale Erschütterung unserer Kultur durch das konkrete Handeln im Krieg hervorrief. In den 80ern dann gab es das berühmte „Ehrenwort“ durch den Schleswig-Holsteinischen Ministerpräsidenten Barschel, das eine Lüge war und als solche entlarvt wurde.[167] Ein „Ehrenwort“ gilt deshalb heute nichts mehr. Der CDU-Politiker einer angeblich Werte-erhaltenden Partei demolierte den Begriff Ehre, der ohnedies bei vielen Menschen nicht mehr substantiell war, nachdem ihn bereits die Nazis desavouiert hatten. Dass faschistoide Türken ihn heute hochhalten, macht ihn noch verdächtiger. In meiner Welt gibt es „Ehre“, aber sie so zu bezeichnen würde heißen, diese Ehre zu beschmutzen.

Die Widersprüchlichkeit bei Wahrheiten und Idealen zeigte sich in der Bundesrepublik in den 60er und 70er Jahren beispielhaft bei Kriegsdienst und Abtreibung. Die Konservativen verteufelten alle, die den

---

[166] DADA zum Vergnügen, Rowohlt 2015, S.44f.

[167] Uwe Barschel war der Gatte einer Enkelin von Bismarck. Er verübte möglicherweise Selbstmord. Aber die Aufklärung war derart suspekt, dass bis heute Zweifel daran bestehen – nicht an seinem Tod, sondern wie dieser zustande kam.

Kriegsdienst verweigerten[168], während die Progressiven alle verteufelten, die Abtreibung[169] bekämpften. Beide beriefen sich bei ihren Positionen auf den Wert des Lebens: die konservativen auf den des ungeborenen, die Progressiven auf den des geborenen, aber die Gegenposition, die ebenfalls Leben hochhielt, verteufelten sie.

„Werte" sind hohl, wenn sie verbal sind, „Werte" sind wertvoll, wenn sie belastbar gelebt werden.

Die Dadaisten sind eine Bewegung von Individualisten. Doch Individualismus und Gruppendenken passen kaum zusammen. Das verbindende Band muss schon sehr stark sein, wenn sich Individualisten zusammenschließen. Die Künstler verband, dass sie den „Gleichschritt" ablehnten, verachteten, allergisch auf ihn reagierten. Der geniale Reinhard Mey besang seine 68er-Zeitgenossen mit der Metapher „Nonkonformistenuniform".[170] Damit legte er den Nerv des Selbstwiderspruchs frei.

Als individualistische Künstler jener Zeit sich auf den Kommunismus einließen, mussten sie erleben, dass das für sie als Künstler der Todesstoß war, denn im Kommunismus herrschte der Gruppenzwang. Es herrschte auch der „Denkzwang" - ein in sich widersprüchliches Wort, denn Denken und Zwang zum Denken schließen sich aus. Picasso zeichnete seine Friedenstaube für die Kommunisten und musste erkennen, dass für diese die Friedensparole nur Mittel zum Zweck war. Im kommunistischen Denken ist der Einzelne, ist das Individuum nur Teil des Ganzen, oft verglichen mit einem Backstein in einer Mauer. Angesichts des großen Zieles ist das Leben des Einzelnen irrelevant.

Der Begriff Dada(ismus) steht im Sinne der Künstler für totalen Zweifel an allem, absoluten Individualismus und die Zerstörung von gefestigten Idealen und Normen. Dada bezog sich zunächst auf Kunst und ihre Fomren. Die durch Disziplin und die gesellschaftliche Moral bestimmten künstlerischen Verfahren wurden durch einfache, willkürliche, meist zufallsgesteuerte Aktionen in Bild und Wort ersetzt. Die Dadaisten beharrten darauf, dass Dada(ismus) nicht definierbar sei. Als der

---

[168]Vor allem Franz Joseph Strauß von der CSU diffamierte die grundgesetzlich geschützten „Gewissensgründe" der Kriegsdienstverweigerer als „gewisse Gründe" (also etwas Zwielichtiges).

[169]Das ist die Tötung ungeborenen, aber bereits existierenden menschlichen Lebens.

[170] „Anabelle", 1972

Dadaismus sich zu festigen begann, riefen die Dadaisten dazu auf, diese Ordnung wieder zu vernichten, da es ja eben das war, was sie zerstören wollten. Das machte den Dadaismus wieder zu dem, was er sein wollte: vollkommene Anti-Kunst, die unklassifizierbar war. Vergleiche mit dem Futurismus oder dem Kubismus wurden abgelehnt.

In den 1980er kursierte der Sponti-Spruch: „Das Chaos sei willkommen, die Ordnung hat versagt." Wer hätte damals gedacht, dass so ein Denken zur Wahl von Trump oder Boris Johnson führen würde. Das hätte man bescheuerten Halbanarchisten zugeordnet, aber niemals einer wählenden Mehrheit. Oder sollte die Mehrheit der Wählenden bescheuert sein?

10.1 Gerahmt, geschnitten, versenkt, gegessen

Stell dir vor, du lässt ein Bild bei Sotheby's versteigern. Beginnend mit läppischen 100.000€, schnell geht es auf 1.000.000€ und bei drei Millionen bekommt es der Bieter. Vow! Für einen Dadaisten eine geile Summe. Doch kaum gehört das Kunstwerk dir, da setzt sich das Bild im Rahmen in Bewegung, senkt sich nach unten und aus dem Rahmen fließen Papierschnipsel. Dein Bild wurde im Rahmen geschreddert. Alles erbleicht. Keiner blickt mehr durch. Alle blicken sich um – nach einer Erklärung, die keiner gibt.

Das schöne Bild!

Das wertvolle Bild.

Doch die weitere Geschichte gefällt dir doch nicht mehr: Alle jubeln, alle schreien, alle halten die Aktion für das größte und der Bieter, der neue Eigentümer ist stolz auf ein Bild, dass durch seine Zerstörung an kunsthistorischem Wert gewann. Da haben wir sie wieder, die **Vanitas, die sich von den Reichen kaufen lässt, um sie zu beherrschen.**

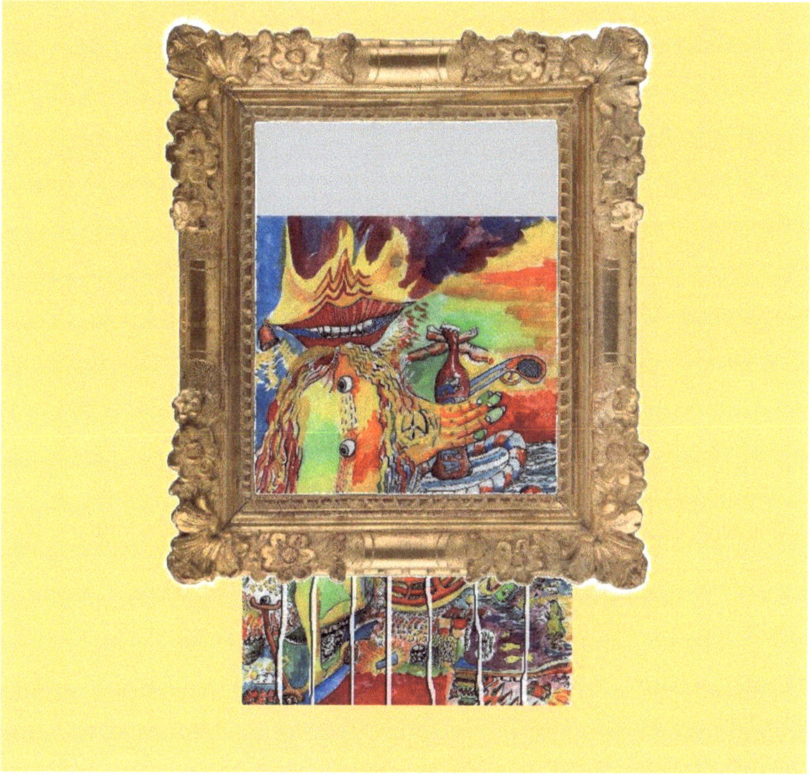

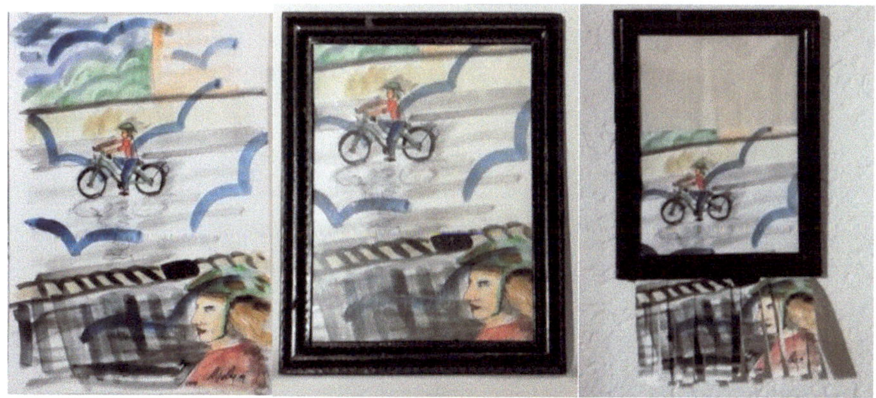

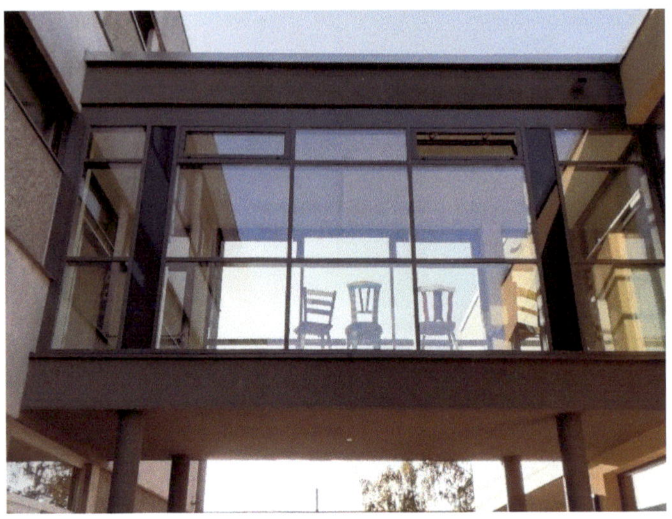

Das Ensemble „Drei Stühle", luftig platziert: Eine Trias findet sich oft in menschlichen Konstrukten oder auch in Ordnungsprinzipien: das Dreieck, die drei Lebensphasen, die Dreieinigkeit, das Dada-Trio.

10.2 Flieg, Erde, flieg

Fotocollage zu 50 Jahren Mondlandung: Neil Armstrong wandert durch die Straßen von New York mit seinen Fans, den Mond wie einen Luftballon in der Hand. Mehr war es wohl auch nicht: Ein Luftballon. Wenige Flüge später wurden die Aktionen eingestellt und seit einem halben Jahrhundert auch nicht mehr aufgenommen.

Die *Amis* mussten beweisen, dass sie die Tollsten, Größten, Besten und natürlich allerErsten waren. Dazu bedienten sie sich durch Wernher von Braun auch des Know-Hows, das Adolf Hitler zur Vernichtung Londons entwickeln ließ. Aber einer Nation von Landräubern ist das ekelegal. Fuck it! Die Apollo-„Mission" war das Viagra einer minderwertigkeitskomplexen Nation. Armstrong bewegt den Mond wie einen Luftballon. Und dann bewegt er als Mondhopser auch noch die Erde wie einen Luftballon. Dass die Apollomissionen die Atmosphäre der Erde zerstörten, gilt als Kollateralschaden.

Automatisch hinterlässt der Ami auch auf dem Mond seinen ökologischen Fußabdruck. Zwischen Erde und Mond befindet sich inzwischen so viel Weltraummüll, dass er für unsere Flugobjekte gefährlich wird.

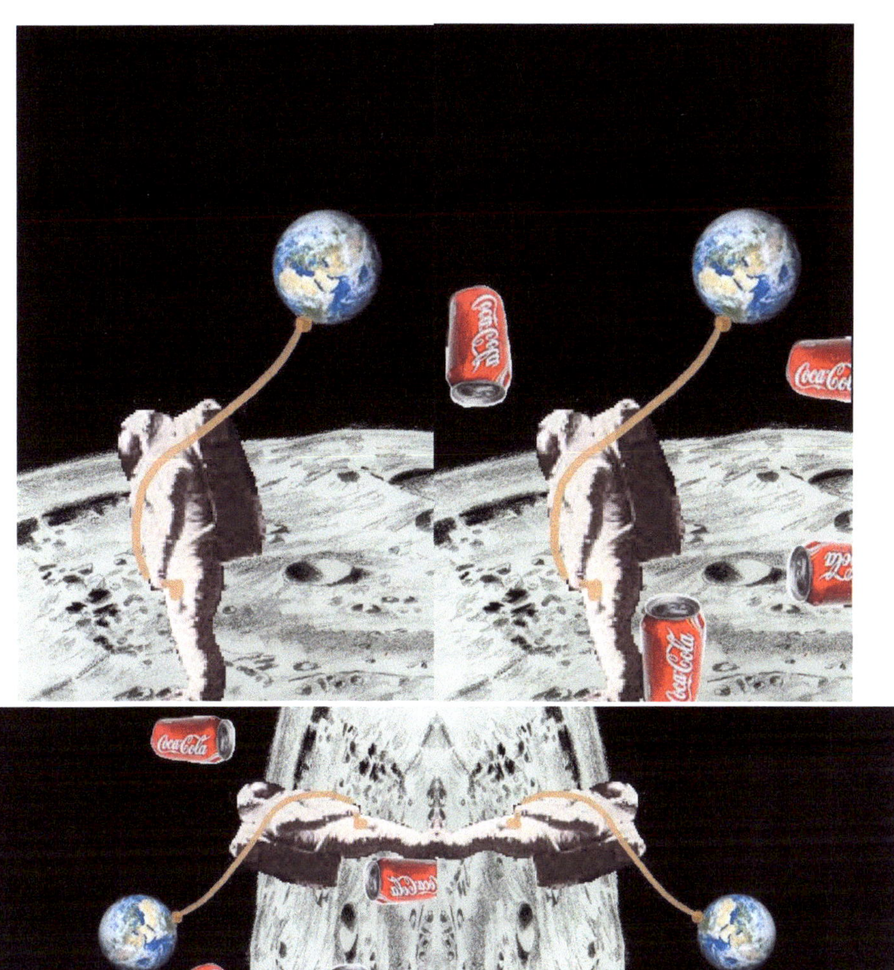

Bei den Amis fungierte der Cadillac[171] als Potenzsubstitut. Als er nicht mehr reichte, ging es ab ins All, mit einer Rakete als Phallussymbol. Doch im „Weltall" waren die Größten immer nur die Zweiten, also hinter den UdSSR immer die letzten. Hardcorewitzereißer bezeichneten die USA als Zweiten und die UdSSR als vorletzten. Also: Sputnik: UdSSR liegt vorne, Gagarin: UdSSR liegt vorne, Weltraumspazier-

---

[171] Chuck Berry, der Emporkömmling im rassistischen Nordamerika wählte sich als Erfolgssymbol den Cadillac, John Lennon, von Mutter und Vater verlassen, ließ sich einen Rolls Royce psychodelisch lackieren. Männer, Autos und Kompensation ist ein Thema für sich.

gang[172], erste Sonde auf dem Mond: UdSSR liegt vorne. Die Patientenzimmer in US-Nervenheilanstalten quollen über: Diagnose: Paranoia: Die Russen sind überall.

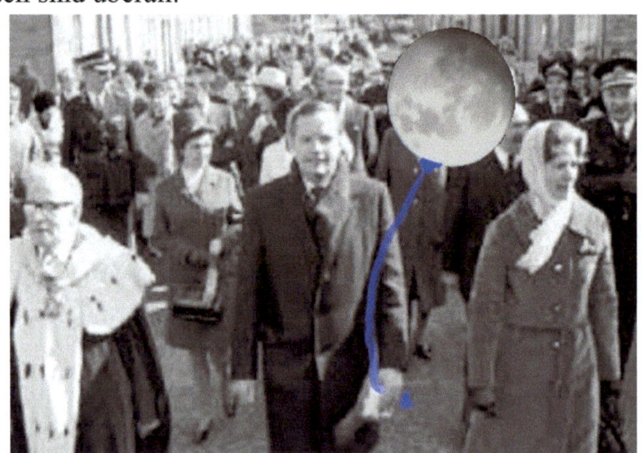

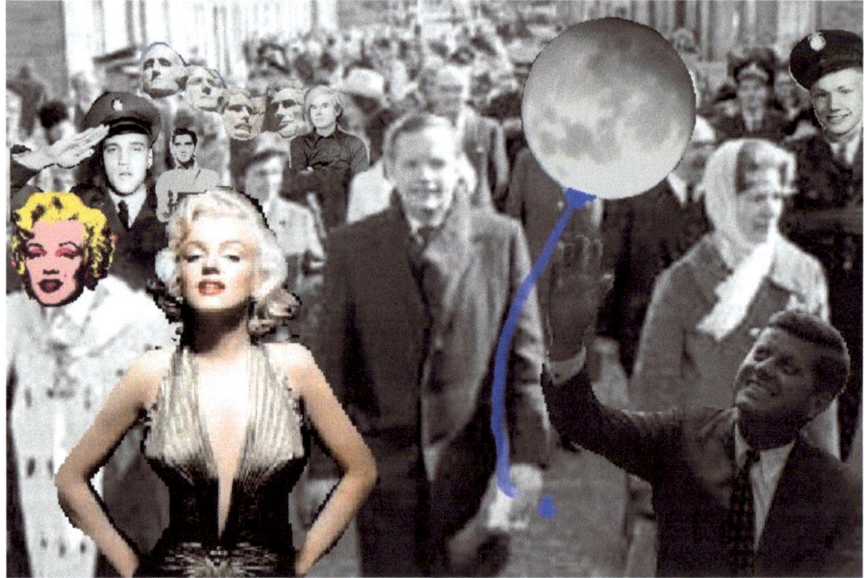

Wir sehen hier den jungen, weißen und männlichen Neil Armstrong mit seinem Mondballon in den Straßen von New York. Amiland ist einfach ein großer Kindergarten. Leider betrachten die Amis den ganzen Globus und seine Umgebung als ihre Spielwiese. Das könnte für uns andere gefährlich werden.

---

[172] Erster Weltraumausflug (18. März 1965) Alexei Archipowitsch Leonow

Der therapeutische Funke blitzte auf: Der erste Mensch auf dem Mond ist ein Ami! Wir sind die Größten. Apropos Mensch: Alle Menschen auf dem Mond waren Amis, jung, weiß und männlich.

Die illustren Figuren um Armstrong[173] herum bringen die US-Kultur und Politik 1969 zusammen. Für die bildende Kunst Andy Warhol mit seinen Ikonen Elvis und Marilyn, für das Schauspiel Marilyn Monroe, für die Musik Aaron Elvis Presley, für die Politik Elvis und Armstrong als Militärs, für die Politik die Präsidenten in Fels gemeißelt und grüßend John F. Kennedy, der den Flug zum Mond ausrief – noch gefesselt von den Kriegen im fernen Osten. Muhammed Ali, „The Greatest" fehlt allerdings. Er war schwarz.

Im multikulturellen Nordamerika wäre es interessant, die Hintergründe der Einwandererikonen anzuschauen. Keine hat Indianerhintergründe.

Monroe verfügt mütterlicherseits über eine europäische Linie, aber wer der Vater ist…? Fred Trump nicht.

Elvis? Zumindest nicht blond und blauäugig, aber auch nicht rothaarig, obwohl der Vater deutsche und schottische Vorfahren hatte. Von der Mutter kamen Schotten und Iren, aber auch Franzosen als Ahnen in die Liste. Wie auch immer: Er ist ein bisschen true born american, denn eine Ururgroßmutter stammte aus dem Indianerstamm der Cherokee.

Irland? John F. Kennedys Vorfahren stammten von dort und viele Mitarbeiter seiner Regierung hatten irische Wurzeln.

Warhol? Andy hieß eigentlich Warhola, mit europäischen, genauer ungarisch-österreichischen[174] Wurzeln.

Man kann sich fragen, wo eigentlich die anderen Erdteile sich in der Führung der USA wiederfinden?

Am Präsidentenfelsen Mount Rushmore prangen George Washington, Thomas Jefferson, Theodore Roosevelt und Abraham Lincoln.

- Washington war Urenkel eines Engländers, über die Vorfahren der Mutter ist nichts zu erfahren.
- Thomas Jefferson hatte walisische Vorfahren und durch seine Mutter auch deutsche, bis hin zu dem Augsburger Märtyrer[175] Eitelhans Langenmantel.

---

[173] Zu Armstrongs Gunsten sei gesagt, dass er sich keineswegs vermarktete, im Unterschied zu Edwin „Buzz" Aldrin.

[174] Heute Slowenien

- Theodore Roosevelt hatte niederländische Vorfahren.
- Abraham Lincoln verfügte über englische Wurzeln.

DADA

Das sind nun schon sehr eurozentrische US-amis. Inzwischen wandelten sie sich zu egozentrischen bis egomanischen Präsidenten.

US-Präsidenten Donald Trump wirkt bei TV-Auftritten wie eine Dada-Inkarnation a la Barbie. Seine Großeltern väterlicherseits kamen aus Bayern, die Mutter hatte schottische Wurzeln. Sein Großvater Friedrich Trump war ein Cousin zweiten Grades des Ketchup-Unternehmers Henry John Heinz, dessen Großmutter eine geborene Trump war. Das Lügen liegt den Trumps im Blut, denn Friedrich gab sich als Schwede aus, da er fürchtete, mit deutschen Wurzeln erfolglos zu bleiben. Donald blieb bei dieser Version bis in die 1980er. Alter Schwede!

Trumps Opa Fred mit dem geschmeidig amerikanisierten Vornamen ließ in der Nähe des geplanten Bahnhofs von Monte Christo, wo er angeblich Gold gefunden hatte, einen Claim registrieren und baute dort ein Boardinghouse. Es war zwar verboten, Claims als Baugrund zu nutzen und er ignorierte, dass das Claim auf einen anderen Namen registriert war, aber er war ein Trump. Die stehen, wie die ganze Welt weiß, über dem Gesetz. Dann boten sich Fred bessere Perspektiven in Bennett, wo er den Goldsuchern gutes Essen und noch besseren Sex bot. Aber seine Frau wollte er doch aus Deutschland haben. Dort heiratete er auch. In Germany wollte er sich wiedereinbürgern lassen. Doch die militärisch gesinnte Obrigkeit betrachtete ihn als Wehrdienstverweigerer[176]. Zurück in den USA landete er letztlich in einem noblen Haus in Queens in New York. Der Stadtteil war seinerzeit mit einem Viertel deutscher Einwohner nach Berlin die Stadt mit den meisten Deutschen weltweit. 1907 wurde Fred Trump offiziell „persona non grata“ (unerwünschte Person) in Deutschland. Immerhin: Offiziell!

Dada? Dada!

---

[175] Zu den Augsburger Märtyrern siehe auch: V. Schoßwald, Rebellen der Reformation

[176] Die neueren Präsidenten der Vereinigten Staaten, soweit sie Republikaner waren, ließen ohnedies lieber andere kämpfen und sterben. Weder die Bushs noch Trump kämpften, als andere für die USA das Leben ließen. Feiglinge! Sie waren ja nicht echte Wehrdienstverweigerer (Draft-Resistence), die dafür ins Gefängnis kamen, sondern einfach Jungs mit dem goldenen Löffel im Mund.

Dreingaben bietet sein familiäres Umfeld. Donalds erste Frau Ivana Zelníčková Winklmayr stammte aus der Tschechoslowakei.[177] Das ist voll in Ordnung. Aber sie war eine Immigrantin, die Mutter seine Sohnes Donald junior. Miss Marla Maples, seine nächste Frau, verfügte ebenfalls über blonde Haare und europäische Vorfahren. Melania Knauss, seine dritte Frau stammte aus Slowenien. Er scheint die slawischen Länder zu bevorzugen und dabei deutschklingende Nachnamen. Indianerinnen passen nicht zu seinem Beuteschema. Sein Blickwinkel ist fokussiert auf Einwandererinnen. Was würde geschehen, wenn er innerfamiliär Mauern hochzöge?

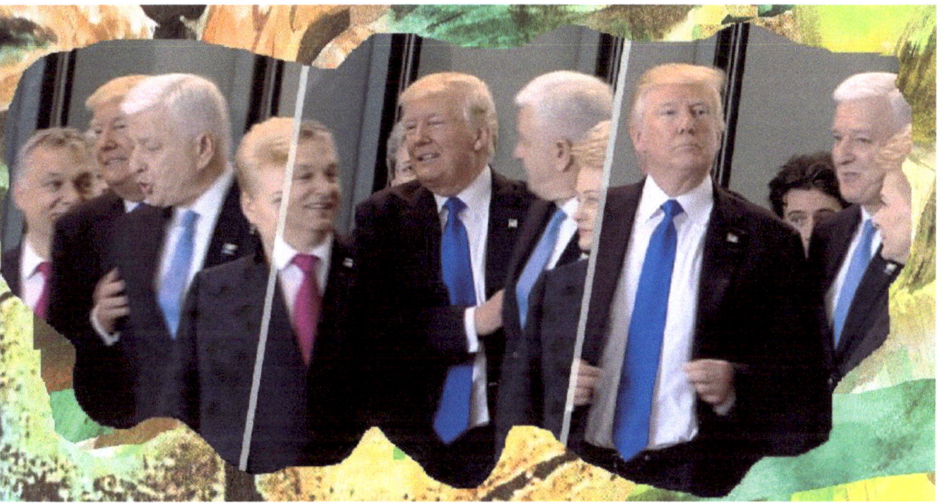

Eine Zusammenfassung des Trumpschen Durchbruchs bei den Regierungschefs.

Hier[178] boxt sich Trump durch die europäischen Regierungschefs, völlig undiplomatisch und stillos, also ur-US-amerikanisch / white. Er steht dann wirklich vorne...

„Wir waren doch auf dem Mond"... aber auf der Erde geht es schlimmer zu als auf dem Hühnerhof. Gaga, **DADA**

---

[177] Ivana reichte 1990 die Scheidung wegen „grausamer und unmenschlicher Behandlung" ein. Eidesstattlich erklärte sie, 1989 hätte sie ihr Mann vergewaltigt.

[178] Das Bild stammt aus „Wir waren doch auf dem Mond", wo die darwinistische These von der Durchsetzung des Stärkeren erörtert wird. S.153: am 25.5.17 in Brüssel. Spiegel-Online: „*Bei einem Rundgang durch das neue Nato-Hauptquartier zog Trump Markovic von hinten zur Seite und drängelte sich vor ihn. Dann richtete er mit einem vielsagenden Handgriff sein Sakko, grinste selbstbewusst, baute sich neben Nato-Generalsekretär Jens Stoltenberg auf und plauderte mit der litauischen Präsidentin Dalia Grybauskaite.*" Ob er sie wohl auch begrabschte?

11 DadaDichte?

Präsentieren wir Dada hundert Jahre zu spät?

Ob **DADA** oder nicht liegt im Auge Huelsenbecks, des Großinquisitors, der inzwischen den Stift abgegeben hat oder auch im Auge des ungeneigten Betrachter, Lesers, Konsumenten… Huelsenbeck, der Herrscher über Dada oder nicht zerbrach die Definitionen und öffnete damit das Feld dafür, alles für Dada zu erklären. Das wollen ohnedies nur die Freaks, denen andere Nomenklaturen und Kategorisierungen nicht passen. Betrachten wir also selbsternanntes Dada der Gegenwart.

Daher hier ein paar DadaDichte[179]:

Auto 1 – 4
Auto 1

Das Auto	ist	schwarz
	ist	schwarz
		schwarz
Das Auto	ist	Seele
		Seele
	frisst	Seele

Die Seele ist schwarz
Die Fenster sind schwarz

Auto 2

Das Auto	ist	groß
Das Konto	ist	groß
Das Minus	ist	groß

Minus? Minus ist klein, kleiner, am kleinsten

Was ist klein?

Seine Schuhe	sind	groß
Seine Worte	sind	groß
Großmutters Mund ist		groß

Aber was	ist	in seiner Seele?
	und	in seiner Hose?
Das Auto	ist	der	Schwanz
	des	kleinen	
			Hans

Auto 3 (mit Crescendo)

Ein Mensch sitzt im Auto
Mensch sitzt im Auto
im Auto
Auto
Auto (lauter)
Auto (lauter)
Autot
AuTod
Tod

Auto 4

Mensch	Auto
ensch	Auto
nsch	Auto
sch	Auto
ch	Auto
h	Auto
	Auto

DadaUnsa

Dada unsa im Hihihihihimmel
Geeeeh Hai! liegt die Dame
Deine reiche Komtesse
Dein Willy gestehe
Ihr den Himmel auf Erden.

Unsinn täglich, Brrrrot und Spiele und faule Häute.
Und verschnüre uns unsere Schuhe
Wie auch wir polieren unsere Schuhe

Denn dein ist die Armut
Und der Bratensaft
Der Ehrlichkeit
In Wehen und wehe den
Armen

Nach der Blüte der Zeit

Ein Weg, eine Straße in einen Embryo mit Octopusbeinen, das Ende durch Pilze, oder assoziieren sich beide zum Atompilz, der Hiroshima zerstörte?

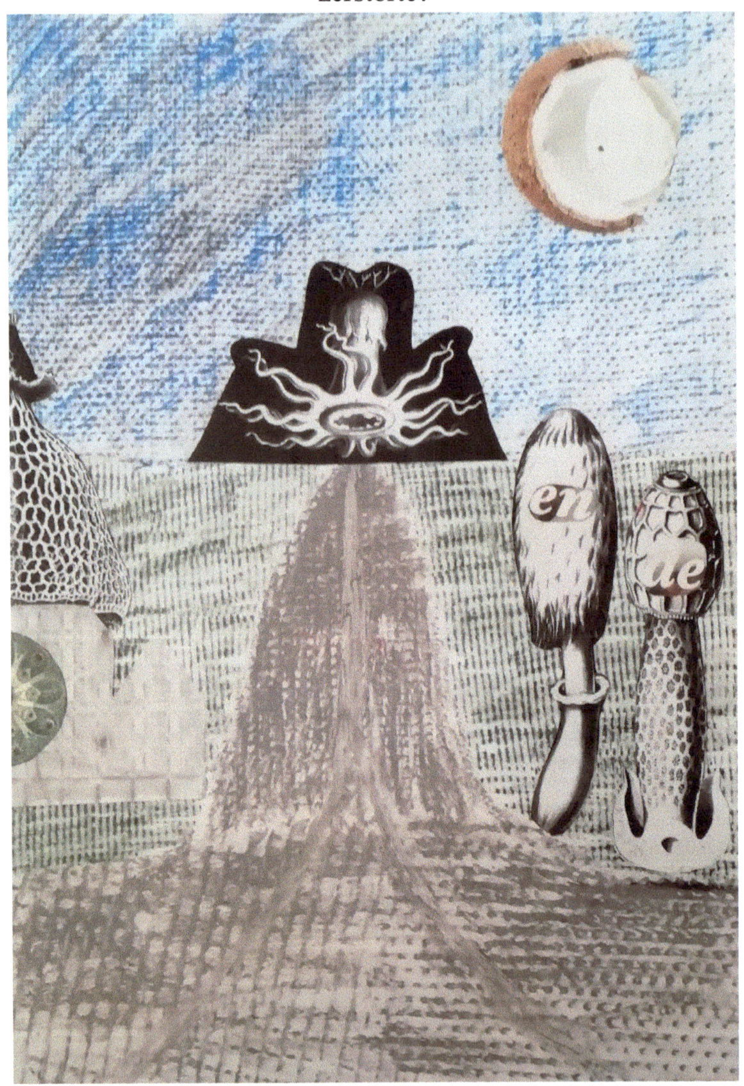

Nach der Blüte der Zeit – die Künstlergeneration des 21. Jahrhunderts, Kenji Smart.

Die Straße oder ein Baum mit angedeuteten Wurzeln? Woher kommen wir. Oder verbirgt sich hinter den zarten Strichen gar eine Bombe? Ist es der Eifelturm oder der Turm von Babel, der sich hier spiegelt?

Der aufgehende Mond frisst eine geöffnete Kokosnuss.

Collage und Frottage. Die Strukturen prägen sich durch wie die DNA bei der Persönlichkeit.

Unten: Der Octopus verspeist Voltaire und die Goldene Madonna mit dem burlesken Schal.

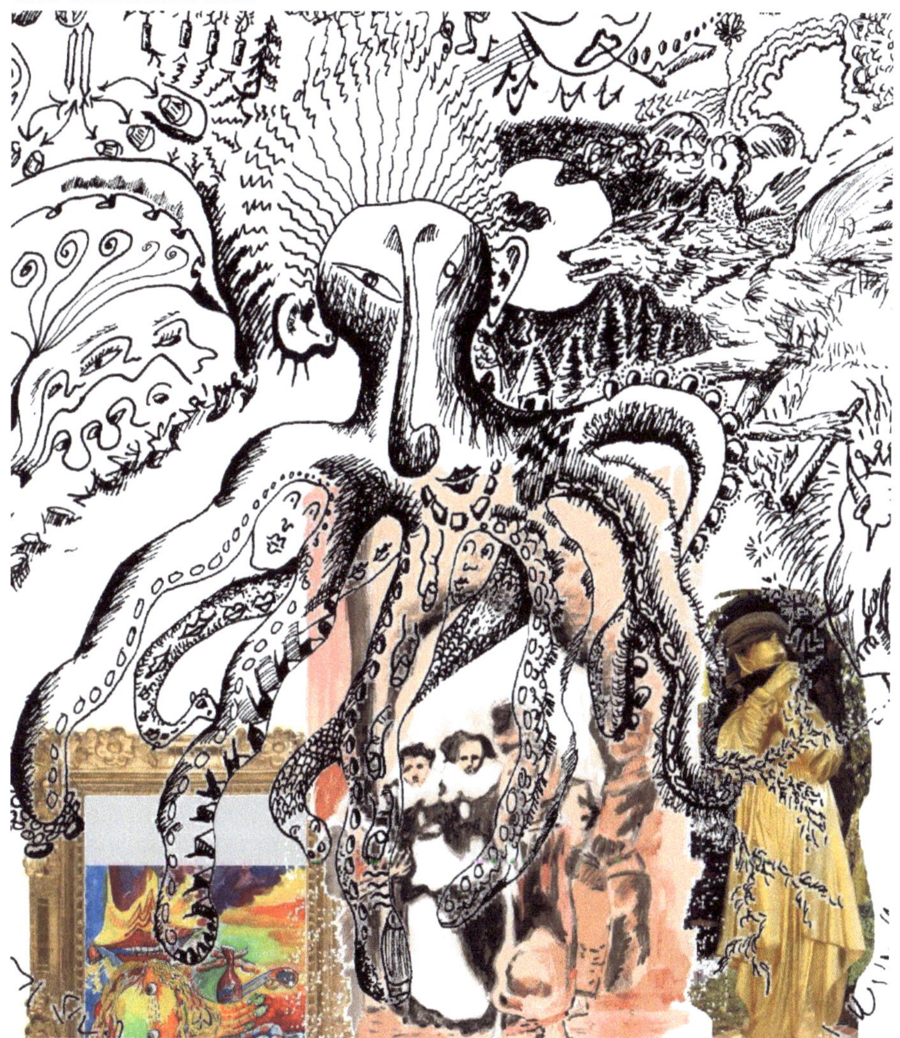

Dada-Slam: Durchkonjugierte Klugheit

Dada stellt alles in Frage. In den letzten zehn Jahren entwickelte sich der Poetry-Slam zur konstanten Größe in der Kulturwelt: Wer selbst einen Text verfasst hat und ihn innerhalb von 7 Minuten vortragen kann, darf teilnehmen. Man darf sich auch blamieren. Das Publikum bestimmt nach einer Zufallswahl den Sieger. Um Höflichkeit wird gebeten. Vor allem junge Leute tragen ihre Ergebnisse vor und das ist sowohl erfreulich kreativ wie erstaunlich vielseitig. Manchmal, nein häufig entdeckt man dadaistische Momente. Manche verstecken sich so gemein, dass sie erst mit Verzögerung wirken. Ein Beispiel vom Januar 2015:

Beim Schwabacher Poetry-Slam konjugierte ein Akteur nach dem Anschlag auf „Charlie Hebdo" und der „Je suis Charlie" Aktionen „Ich bin klug" durch:

Je suis intelligent

Ich bin klug – oder auf Englisch: I am wise. Französisch gefällig? Je suis intelligent...

Ich kann das auch durchkonjugieren: Ich bin klug du bist klug er sie es ist klug, Wir sind klug ihr seid klug sie sind klug

„Sie sind klug". Stimmt das? Schauen wir uns um... Diese political correctness wird durch die AfD-Wählerströme nicht bestätigt „Sie sind klug": Nein! Schon Schiller sagte, die Menge ist dumm, sie kann nicht herrschen... das gilt nicht nur für Dresden. Wer hatte nicht schon das Gefühl: Ich bin umgeben von Deppen – allein im Straßenverkehr. Vor Dir fährt dieser ältliche Mann mit Hut hinterm Steuer. Im Wagen davor lugt halblanges blondes Haar aus dem Opel-Rover mit Schrift am Heck: „Emma Mia Oma on Bord", der bei Grün bremst und bei Rot beschleunigt... Am Kindergarten blockiert das OpaMammaWesen abrupt die Straße, denn Emma Mia Oma muss in die „Villa Kunterbunt", ehemals „Regenbogenhaus" begleitet werden, wo es sich mit den übrigen Hochbegabten der jungen Generation trifft. „Sie sind klug"? - Müssen wir streichen...

Bleibt noch: „Ihr seid klug." Ja, das stimmt, Super! Ich liebe euch alle. Freilich: Liebe hat nichts mit Klugheit zu tun... und wenn du deine Umgebung so betrachtest... einige um dich herum sind zwar lieb, aber doch nicht so ganz klug. Je besser du sie kennst, umso sicherer bist du dir. Nein, so können wir den Satz nicht stehen lassen... „Ihr seid klug"? - Müssen wir streichen.

Bleibt noch: „Wir sind klug" Immerhin: Wir Klugen bleiben noch übrig. Das reicht freilich nicht für die Dimensionen der Rechtswähler, die haben wir bei „sie" schon abgehängt, oder bei „ihr"??? Wir sind <u>klug</u>? Ich muss uns noch mal genauer anschauen, Sympathie alleine reicht nicht... Wenn wir Klugen selbstkritisch sind, dann werden manche von uns doch zum „ihr" und dann können wir über „sie" reden oder lieber schweigen. „Wir sind klug"? - Müssen wir streichen.

Bleibt noch: „Er – sie – es ist klug"; das ist überschaubar. „Er" ist klug klappt nicht so locker, denn der Kluge, an den du denkst, erweist sich als ein Blender. Dass er gut rechnen und hervorragend Fremdwörter verwenden kann… das verhilft nur zum Anstrich von Klugheit.

„Er – sie – es ist klug" musst Du ehrlicherweise streichen.

Nonchalant hast du „sie" übergangen. Vielleicht fühlt sich eine übergangene Frau verletzt, - aber zumindest nicht diskriminiert. „Sie ist klug" <u>markieren</u> wir im Text, formatieren die Zeichen als <u>ausgeblendet</u> und lassen „sie ist klug" durch diesen digitalen Trick stehen, aber nicht sehen…

Es ist klug, als Mann bei dieser Re-Tusche in Gegenwart von Frauen diplomatisch zu sein. - „Was?! Du verteidigst diese Chauvies auch noch? Da müsstest du doch hochgehen und… aber bei dir geht wohl gar nichts mehr hoch…" Womit sie mir offenbar meine Männlichkeit absprechen will – so eine Art verbale Kastration. Es ist doch nicht so klug… Also „es ist klug" streiche ich konsequenterweise.

Bleibt: „Du bist klug" – Das stimmt. - In seinen Grenzen. Denn oft erkennst du einfach nicht, was wichtig und richtig ist, oft widersprichst du mir, obwohl ich doch eindeutig Recht habe. Das ist weder taktisch noch inhaltlich noch beziehungsmäßig klug.

Wenn du klug wärest, würdest Du meinen Gedankengängen <u>folgen</u>, <u>meine</u> Schlussfolgerungen teilen, mit mir ein <u>gemeinsames</u> Weltbild haben, die Dinge wie <u>ich</u> sehen – also auf intellektueller Ebene.

Meine Erklärung der Welt scheint doch zu hoch für dich. – „Du bist klug" muss ich – mit Bedauern - streichen.

Bleibt: „Ich bin klug…" das ist nicht zu bezweifeln. Ich habe es gerade überzeugend demonstriert. Diese klare, kompromisslose Serie von Schlussfolgerungen, die zu einem eindeutigen Ergebnis führt, ist der anschauliche Beweis für die Richtigkeit des Satzes: „Ich bin klug…" Ja, und ohne mich in den Vordergrund zwängen zu wollen, ist es doch wohl eindeutig, ja, es zwingt sich unvermeidlich auf: <u>Meinen</u> Weg sollten <u>alle</u> gehen. Das muss das Programm für die Zukunft sein: Menschsein orientiert an Klugheit, Menschsein orientiert an mir. Dieses Programm hat der Schöpfer seiner Schöpfung mitgegeben. Hier offenbart sich der Sinn in dieser Welt, das ist der göttliche Wille für die Menschheit, das will Gott, das ist sein Programm für euch.

Wer das nicht checkt, steht der Zukunft der Menschheit im Weg; stellt sich dem göttlichen Plan in den Weg.

„Alle sind klug?!" Nein!

„Ihr seid Charly?!"

Wie dumm! Gebt mir eine Kalaschnikow! Mein Wille geschehe! Amen!

In seiner Entstehungszeit während einer Anschlagserie etwa in Paris wirkte dieser idiosynkratische Text verstörend. Anscheinend schien der Slammer sich zu produzieren, sich als Giganten hinzustellen. Wie aber passte der Schluss dazu? Der Schluss stellte einen Zusammenhang mit den islamistisch motivierten Anschlägen auf Charlie Hebdo her, die zwei Wochen am 7.1.2015 vorher verübt worden waren und die gesellschaftlichen Diskussionen beherrschten. Dabei rekonstruierte er die geistige Engführung und das Scheuklappendenken eines Attentäters, der völlig den Zugang zu gemeinsamem Existieren verloren hatte. Der Text lässt sich auch auf andere gewalttätige Extremisten übertragen.

Der Akteur kreist sein Denken immer weiter ein, verengt die Denkwege. Er fühlt sich immer mehr im Recht, je weniger Zustimmung er findet. Er wird zum „Rächer der Enterbten", ohne zu realisieren, dass einer, der von keinem mehr verstanden wird, andere nicht repräsentieren kann. Das fatale ist: Solche Menschen können sich zusammenschließen, dann wird das „Nicht-Kommunizieren" zur verbindenden Größe und bedarf keiner stringenten Argumentation mehr. Dagegen hilft kein Argumentieren, da der Weg des belastbaren Argumentierens verlassen wurde. Dagegen hilft nichts, aber es bleibt noch DADA.

Dada ist eine Reaktion auf den allgegenwärtigen irrationalen, sich rational gebärdenden Faschismus.

12 Puppenstuben-Dada 2019

Dada spielte sich auf der Bühne ab oder in der Ausstellung, ausgerichtet auf Publikum. Viele Dada-Exponate sind daher groß, wie etwa das Fahrrad von Duchamp. Und Dada klein?

Die Idee von Dada passt ins Kleine wie in eine Puppenstube. Sie spielt mit Wirklichkeit. Sie spielt kindlich, ignoriert Grenzen, als würde sie diese nicht kennen. Wenn „DADA" Kindersprache ist, mit der ein Kind auf etwas zeigt, liegt Puppenstubendada nahe an der Quelle.

Zu Dada wird dieses Stillleben durch die Birne. Äpfel und Birnen sind Klassiker im Stillleben, dabei denkt man nicht an Technik. Glühbirnen sind kein klassisches „Stillleben"-Objekt. Sie erinnern an die Technik-Begeisterung von Duchamp. Diese „Birne" ist perfekt.

Ironisch wird dieses Bild zu Dada durch die Signatur. Man kann sie von außen nach innen lesen: **Da** steht „**DADA**" **da**. Aber jeder erkennt in den beiden mittleren Buchstaben die Signatur von **A**lbrecht **D**ürer.[180]

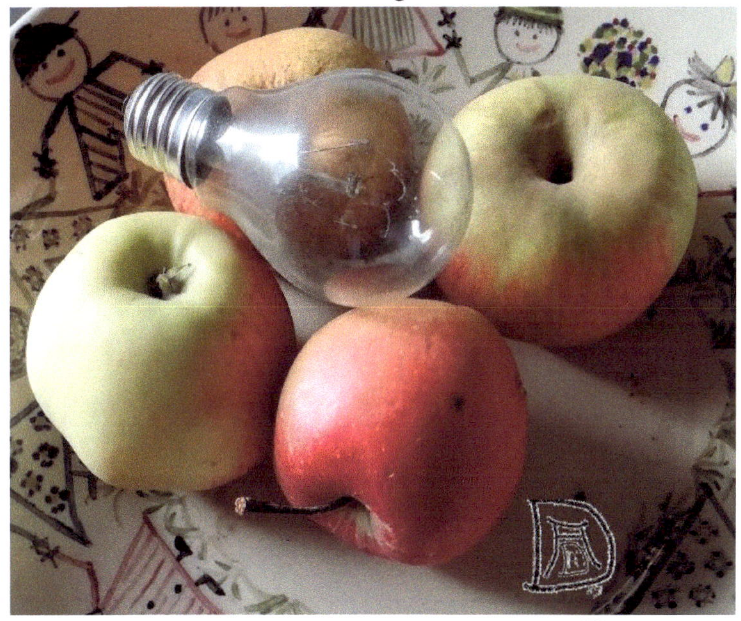

Stillleben mit Äpfeln und Birne – Dadadürer

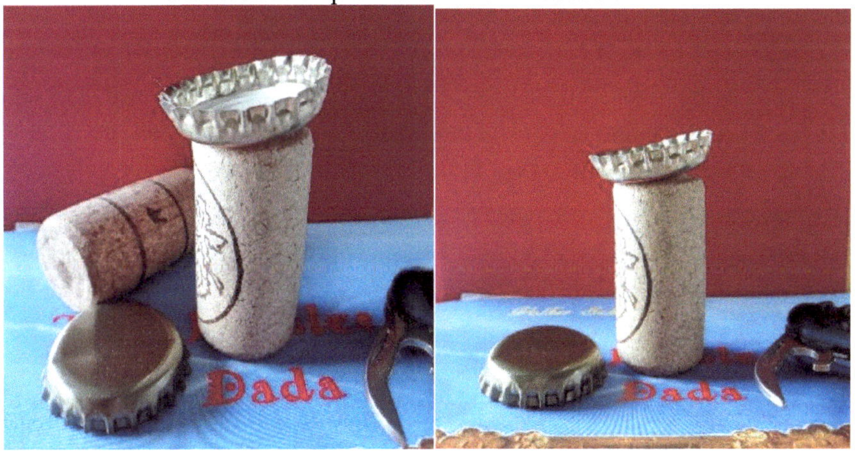

Der König ist tot – Es lebe der König! -

---

[180] vgl. im Kontext vom 1. Weltkrieg das Bild mit der Glühbirne, die als Abrissbirne Albrecht Dürers Messias-Ich-Porträt zerschlägt.

Wer herrscht heute? Der König mit dem Corona-Krönchen?

Stillleben mit Äpfel und Birne: ein klassisches Stillleben „natura morta". Parallel zu Dada beschäftigte sich Giorgio de Chirico mit dem „Stillleben". Er bevorzugte den deutschen Begriff, da hier alles ohne Bewegung, aber keineswegs alles tot ist. Die Äpfel in der Schale sind nicht tot. Sie sind stille, schweigende, bewegungslose Natur.

Die zweite Bildfolge lebt von dem Wortspiel zwischen Kronkorken, Korken und Kronenform. Kronkorken: Bis in die 80er-Jahre enthielten die metallenen Kronen innen eine Presskorkschicht zum lückenlosen verschließen. Der Wortteil „Korken" rettete sich ins Plastikzeitalter.

In dieser Mini-Installation ziert der Kronkorken als Krone den Korken. Im linken Bild ist der König gestürzt. Was für eine anarchische Phantasie?! Der König stürzt um, die Krone liegt am Boden. Wenn König für Herrschaft steht, steht der gestürzte König für Freiheit. Aber der neue König steht schon parat. Die Ahnung von Freiheit wird schnell subsituiert durch die neuen Machtverhältnisse, die sich bilden. Das müssen nicht im engeren Sinne Könige sein. Die Münchner Dada-Bewegung war antimonarchisch. Politische Dadaisten wie Erich Mühsam gaben sich als überzeugte Anarchisten, die wiederum sich an der Revolution in Bayern beteiligten. Auch in Berlin gab es Revolutions-Dada. Doch die neue Herrschaft setzte sich relativ konservativ durch.

Sprichwörtlich ist: „le roi est mort vive le roi". In der erblichen Monarchie steht beim Tod des alten Königs schon der neue fest. Diesem neuen Herrn gegenüber gilt die Loyalität. Die Verbindlichkeit hängt nicht an der Person, sondern an der Funktion. Das hat sich bei der Übernahme von Konzernen bis heute erhalten.

Das rechte Bild zeigt die neue Herrschaft ohne den gestürzten König. Aber der Flaschenöffner bleibt. Die Herrscher bleiben bedrohlich.

Dada stürzte schon 1919 vom Thron, meinte Benjamin Péret:

1. „Dada ist tot! Dada ist tot! Dada ist tot!
2. Dada wollte zerstören, verstreute sich jedoch, ehe sich seine Aktion hörbar machte.
3. Dada war kein Anfang, wohl aber ein Ende…"[181]

---

[181] Benjamin Péret 1919

12.1 Backblechkunst „DanebenLeben"

Blech und Leben, moderne Zeiten auf einem profanen Backblech, Autolawinen und angesengte Busfahrscheine, eine Kirche hinter leeren Fernsehern und künstliche Blumen neben einem leeren Hochhaus mit einem Herz in einem Fenster, ein Parkschein und ein Bobby-Car.. Darüber eine weiße Sonne. „Urbanes Leben" hieß die Nürnberger Kunstaktion 2007. Das Material ist ein alltäglicher Gebrauchsgegenstand, man könnte das tägliche Brot darauf backen. Parkplätze scheinen für Großstadtbewohner auf der gleichen essentiellen Ebene zu liegen. Die Alternative mit öffentlichen Verkehrsmitteln ist angesengt. Die Fernseher gehören auf den Schrottplatz, schnelllebig ist die Technik. Hinter der Kirche prangt ein goldener Himmel. Eingeschlossen in der Metropole könnte dort ein Paradies liegen. Die Liebe leuchtet nur aus einer einzigen der schwarzen Fensterhöhlen. Blumen? Künstlich. Schön zu sehen und doch leblos.

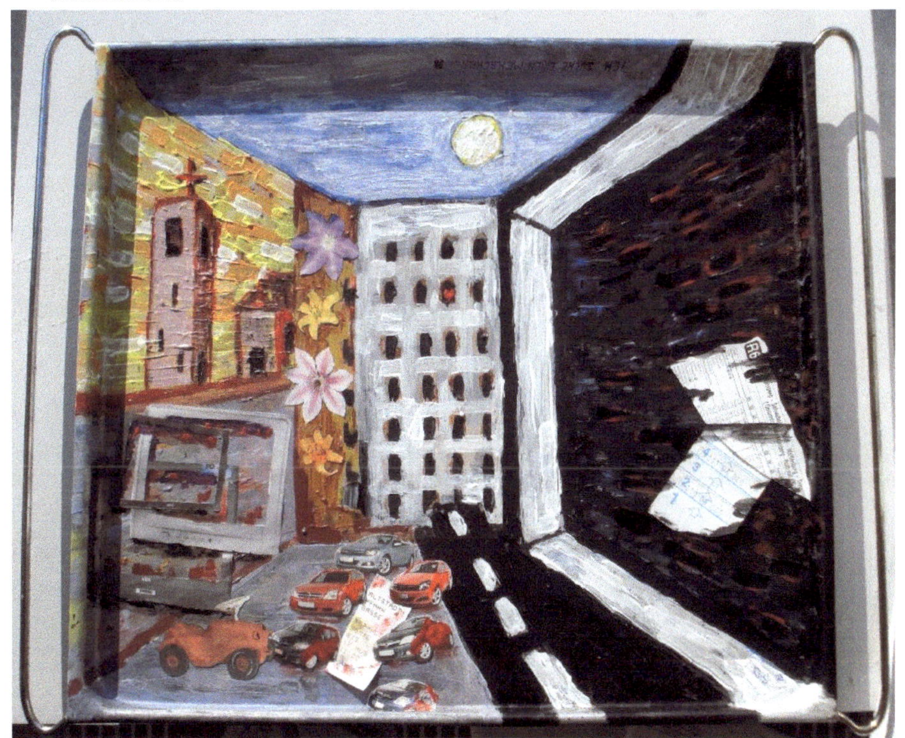

Leben? Leben, real und doch daneben. Daneben leben…

12.2 Küchenkunst? DadEssen

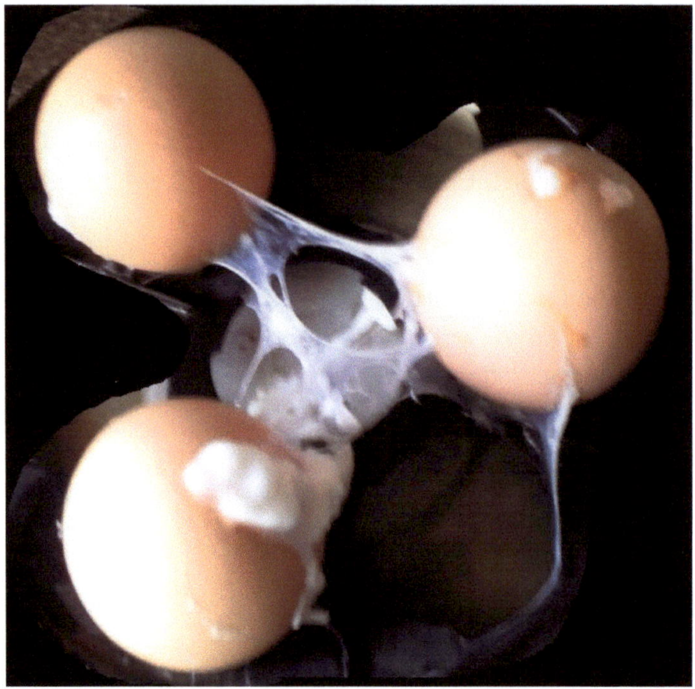

Ein echtes Readymade und ein garantiertes Unikat: Die Heilige DreiEInigkeit.

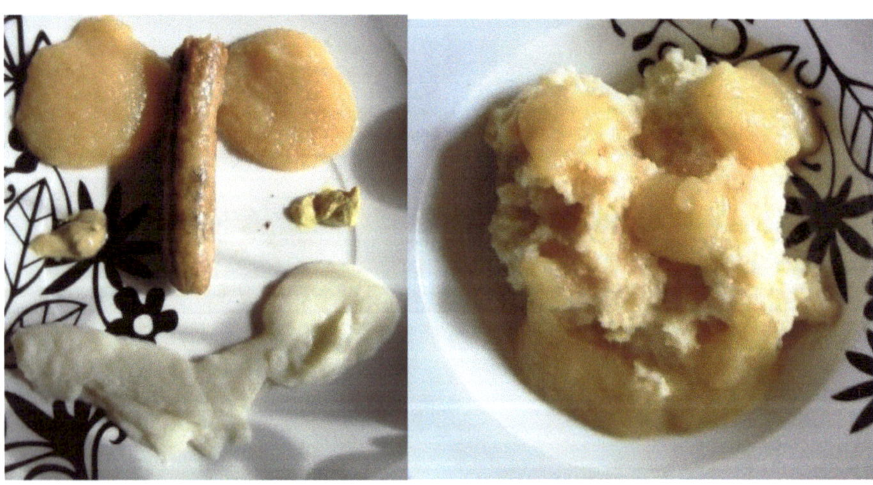

Ein bisschen versponnen ist Gott, die Lebenskraft immer. Das Ei ist das Sinnbild des Lebens schlechthin. Frauen haben Eierstöcke, aber interessant ist nur, ob Männer Eier haben. Wenn ja, dann… Wenn nein, dann gibt es Krieg – wenn sich nicht ein großes Auto findet, mit dem das kompensiert werden kann. Auto-EIER – das hilft gegen Komplexe.

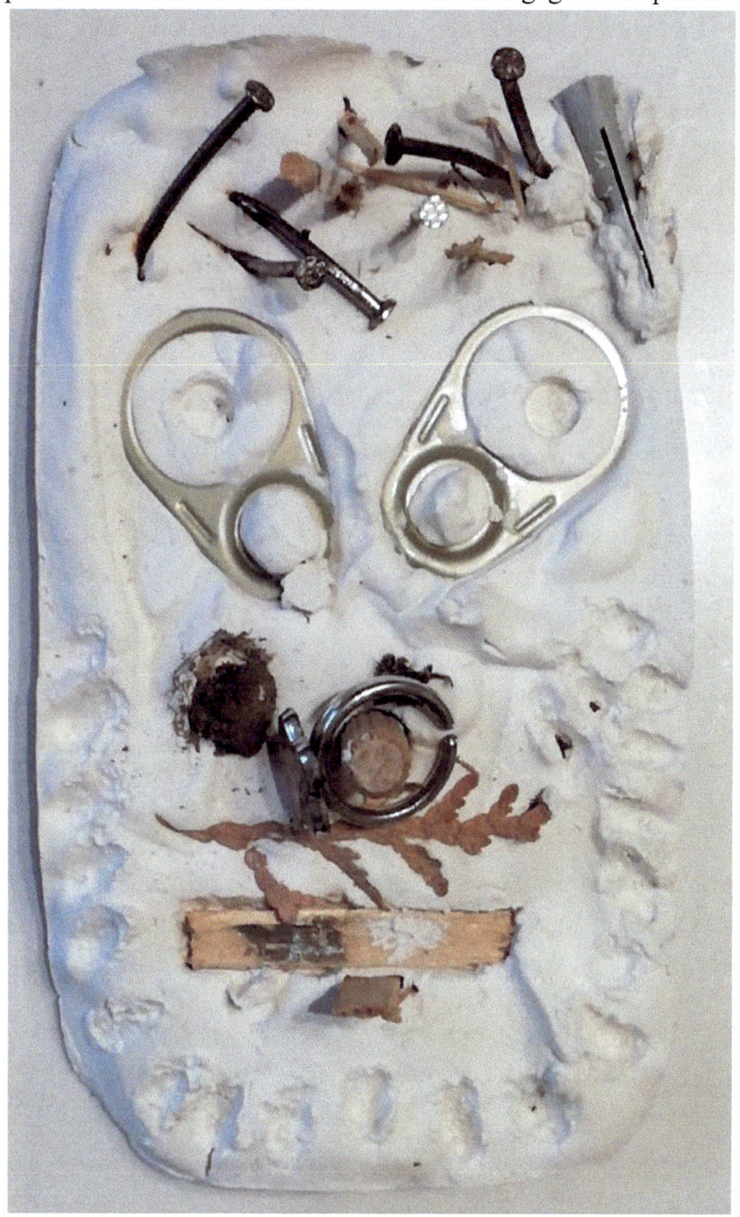

Porträt aus Gips.

„Die Heilige DreiEInigkeit" gehörte zu den Kunstwerken, die nicht gezielt gemacht wurden, sondern als „Ready-made" entdeckt wurden. „Sehen und als Kunst erkennen", das leuchtete gleich ein. Die geometrische Form dringt durch das Künstlerauge in die Seele ein und die zarten Verbindungen, die sich in der Natur nie ergeben würden, verleihen dem Bild etwas Magisches. Es könnten Spinnweben von Gespenstern sein. Die Geister der sterbenden Eier reichen sich noch einmal die Arme.

Der wahre **DADAIST** ißt sich für nichts zu schade. Kunstwerke, die keine Kunstwerke sind, dafür köstlich schmecken bereichern einen echten *Dad-Alltag* und gefallen der ganzen Familie. Kinder lieben so etwas. Wie war das seinerzeit in Zürich? „Dada" ist ein Kinderspielzeug? So forderte schon der Große Dadaist aus Nazareth: „*Lasset die Kindlein zu mir kommen*...". Dann legte er ihnen die Hände auf und segnete sie. Gesegnet sei die Unschuld des Dada!

Die Wiedererkennbarkeit des Gesichts ist offenkundig nicht anatomisch bedingt, sondern ergibt sich aus den Formen, die mit Fremdmaterial dargestellt wurden. Die Nägel bieten Stoff zu vielerlei Assoziationen. Öffner bei Augen? Nasenring? Mundholz. Oder ist alles nur Zufall?

Die Collage, der Klassiker der Dada-Zeit wird hundert Jahre später mit dem Fremdsignum „MERZ" aus einer Zeitschrift[182] versehen.

Das Opus strotzt von Botschaften, legt den Betrachter aber nicht fest. Er kann herauslesen, was er herauslesen will und hinein interpretieren, was er hinein interpretieren will.

Die Mittellinie der Straße bilden „D"s wie Dada, Deutschland oder Dürer. Am Ende steht ein Straßenschild für Straßenarbeiten. Das Ganze zieht sich über den Globus. Links ist ein Ozeandampfer unterwegs, grob gesehen in Richtung der Titanik.

Dadaesk die geschnittenen Zeitungszeilen: „alkshows" macht Talksshows fragwürdig, verstärkt durch „unzen", die durchaus an Geld denken lassen können. „mokratie" wäre die Herrschaft des Sich-Über-Etwas-Lustig-Machens, des Sich-Mokierens. Ach!

---

[182] De facto eine Werbung für ein Touristikunternehmen

Daneben der abnehmende Mond, Zeichen für eine Bewegung Richtung
Ende, auch eine Umkehrung des islamischen Grundsymbols. „Wanted"
gibt dem Bild einen Titel, der auf Verfolgung von Verbrechern

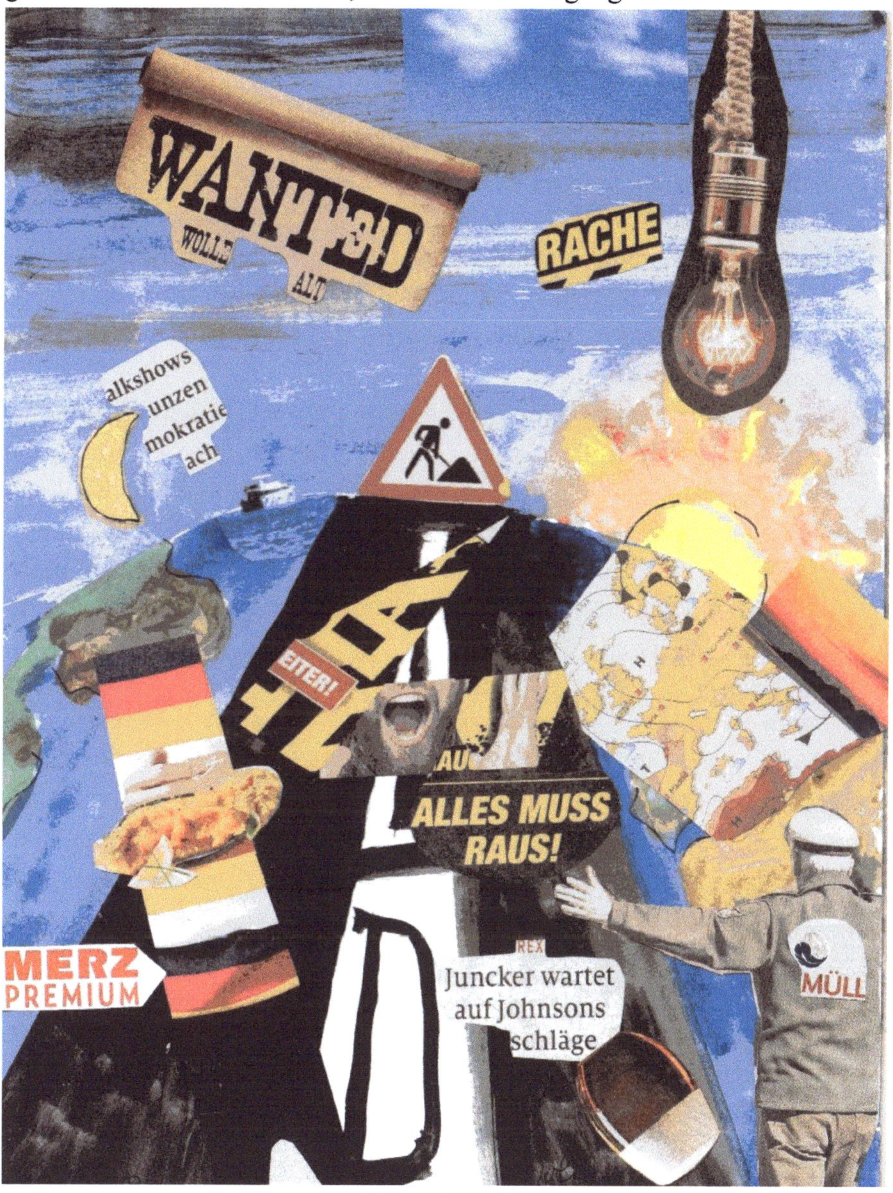

„Wanted Wolle"
deutet. „Wolle" und „Alt" führen in die Irre Richtung Nonsense.

Rache ist mit einer Absperrung versehen und es droht die Birne. Hier eine Glühbirne zur Erleuchtung oder Zeichen für eine Abrissbirne? Sie hängt an einem Strick wie an einem Galgenstrick. Wer sollte hier baumeln?

Die Sonne darunter ist hell, macht die Glühbirne überflüssig. Ihr Aufgang ist idyllisch, aber die Wetterkarte könnte auch ein Indiz für die Klimaerwärmung sein. Da hilft der Verkehrspolizist nicht mehr. Er trägt weiße Handschuhe, er gibt Zeichen, aber auf dem Rücken trägt er Müll als Ying und Yang.

„Juncker wartet auf Johnsons schläge" gehört in den Kontext des Brexit. „schläge" lässt sich zu „Vorschläge" ergänzen, aber es bleiben nur die Schläge übrig. Dazu wird das Bier, das man gemeinsam trinken könnte, nach unten gekippt.

„Alles muss raus!" Großbritannien aus der EU, oder… Der Mund schreit „Au" und darüber steht: „Eiter!" Natürlich kann man bei Eiter sagen: „Alles muss raus!" Es könnte sich auf den vereiterten Globus beziehen oder die vereiterten Straßen der globalen Politik.

Aus den 1980ern kennen wir einen Sponti-Spruch, also Quasi Dada-Urenkel-Produkte „das kann ja Eiter werden", gesprayt auf eine (West-)Berliner Häuserwand.

Neben „alles muss raus" prangt der Torso einer Frau mit deutschnationalem Pulli, die vor ihren gefalteten Händen ein Schnitzel hält. Ein Wiener Schnitzel? Droht die Gefahr von rechts, wie in Wien? Schon einmal FÜHRTE ein Österreicher die „Welt" in den Untergang.

Es ist kein politisches Manifest, sondern ein Kunstwerk und präsentiert nicht fertige Gedanken, sondern macht Assoziationen sichtbar.

Ist Dada Methode, Weltbild oder Einstellung? Wer heute Dada macht, wirkt nicht innovativ, es sei denn, nur Innovatives und dann alles Innovative wird als Dada definiert. Im Grund entwickelt sich eine Dada-Einstellung als Reaktion auf die Alltagserfahrungen. Diese auszudrücken schenkt Dada eine unbegrenzte Freiheit.

12.3 Die Mona Lisa von Goho

Gostenhof heißt das Künstlerviertel der ehemaligen Reichsstadt Nürnberg. Bis in die Nazizeit wohnten hier jüdische Geschäftsleute an der Straße zwischen Nürnberg und Fürth. Dort wurden die Rassegesetze erlassen und durchgeführt. Nach dem Krieg entwickelte sich der Stadtteil am Plärrer zum Glasscherbenviertel mit hohem Migrantenanteil und heruntergekommenen Wohnungen.

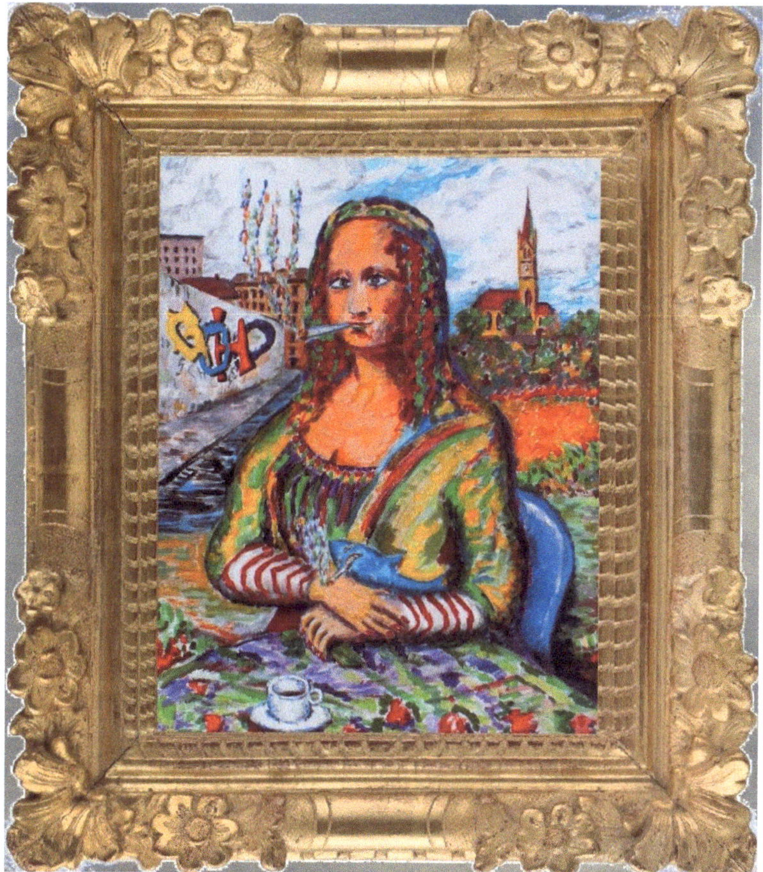

Gentrifizierung folgte der Entwicklung zur studentischen Vorstadt und zur bezahlbaren Zuflucht junger Paare, während die älteren Bewohner erst durch die Migration auf die Friedhöfe wegzogen. Abgewohnte Häuser mit Hinterhöfen zogen Menschen mit alternativem Lebensstil an, die weder zu den alten Ureinwohnern passten noch zu den vielen Nationen, die sich hier teilweise abschotteten. In dieser Ursuppe entstanden Künstlernischen mit den passenden Lokalen. In dieses Paradies stießen neureiche Paare, ließen sich in hochwertig sanierten Wohnungen nieder und verdrängten nicht nur mit ihren SUVs das Milieu, dessentwegen sie gekommen waren. **DADA**

All dies ist der kulturelle Hintergrund für die psychodelische „Mona Lisa von Goho", die das abgetörnte Lächeln ihrer berühmten Verwandten durch den Genuss eines Joint verzaubert und die Kunstfertigkeit eines Da Vinci mit Graffitis auf Beton kontrastiert. Die für das Quartier geöffnete Kirche lässt sie im Dorf und nimmt Platz in einem der schnuckeligen Straßencafés an der Fürther Straße.

12.4 SUVausPUFF

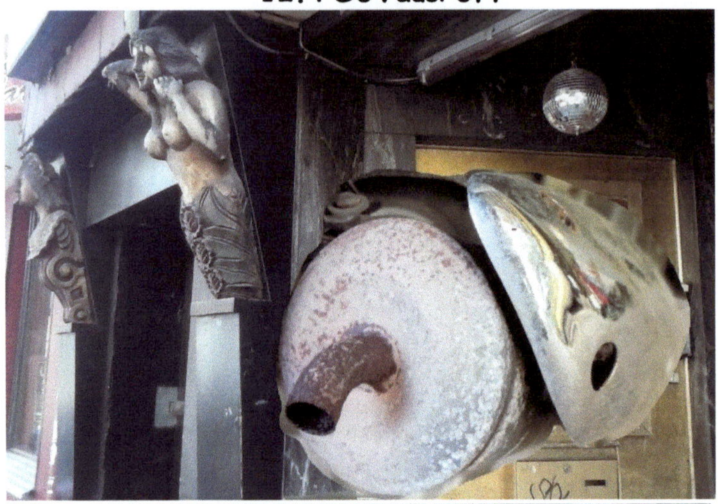

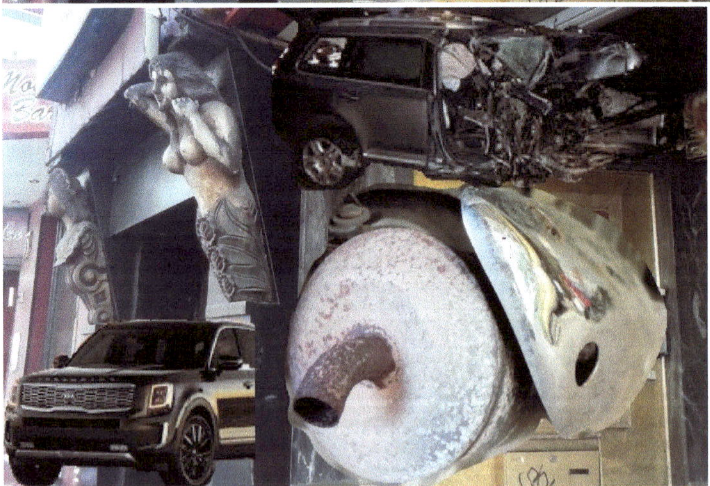

SUV AusPUFF AUS!

Ein typisches Dada-Experiment: Der AusPUFF kommt aus einem Puff, auf der Reeperbahn mitten am Nachmittag. Fungiert der Auspuff gar als Phallussymbol? Digitaler Dada ist unerschöpflich, denn alles, was verändert wird, kann auch bleiben. Die Aus-Puff-Aussage steht und wird weiter entwickelt: Aus dem Puff kommt ein SUV. Mit seiner klobigen Form und seinen abgedunkelten Scheiben steht er für Rücksichtslosigkeit und Gesichtslosigkeit. Wer so fährt, will sich sehen lassen und zugleich verstecken. Das Auto wird zur überdimensionalen Sonnenbrille.

Es ist ein klassisches Zuhälterauto. Wobei der Künstler nicht bis ins Extrem geht: Dann müsste der SUV auch noch weiß sein, denn Zuhälter lieben die weiße Farbe der Unschuld.

Der Aus-Puff steht auch für Aus: Der SUV hat noch immer abgedunkelte Maffia-Scheiben, aber er ist zerstört. Der Rücksichtslose hat nicht genügend nach vorne geschaut. Die Hälfte des Wagens ist vernichtet.

Wenn Marcel Duchamp die Ergebnisse der Technik für unübertreffbar hält: Hier ist die Schadenseite und hier ist das Ende. Es ist Aus.

SUV? EsJuWi wird er ausgesprochen. Suburbanvehikel, also Vorstadtauto. Für Unbefangene klingt es wie Suff. Aber das wäre zu banal.

Leben im Suvv

hier kommt er
der held
mit seiner bänkerGLAZZE und dem IS-flattop
er erklimmt seinen panzer
das kriegsgebiet ist die Straße
straSSe
strASSi
hoch oben sitzt er
erhoben
erhaben
bereit, alles niederzumähen,
was seinen Horizont überschreitet.
also alles ohne suvvvvv

der breite suv breitet sich aus wie lepra
der fette suv blockiert den blick der freien bürger
und den parkplatz daneben
er ist der burgher im straßenverkehr
fett und ungesund
frech und ungesund
passend gearbeitet für dumme, gedankenlose, rücksichtslose
burgher und suv – die prolowelt

der suv schirmt ab
vor den lästigen menschen, die es auch noch gibt
der suv schirmt ab
vom denken
der suv sagt jedem leck mich am arsch
aber sein arsch schickt gift in die luft
er lügt, sobald die software tickt

suvFahrer lügen, sobald sie den motor anlassen
und das mädchen spielt mit
blond ist keine haarfarbe, sondern eine einstellung
suv ist kein auto, sondern diktatur
der suv ist der manta der straßenkehrer

12.5 Dadonnenleben

Hundert Jahre nach den ersten Dada-Events präsentierte Ottmar Hörl[183] seine goldene Madonna vielfach reproduziert vor dem Germanischen Nationalmuseum in Nürnberg, während das Original innen umgeben von Dürers Werken zu bewundern war. Die „Nürnberger Madonna" galt für viele Generationen als Prototyp einer Madonna. Kunststudenten malten sie ab, quasi als Normal-Madonna der bildenden Künste. De facto war sie ein Bruchstück. Die Körperhaltung erklärt sich dadurch, dass sie zu ihrem gekreuzigten Sohn hochblickt. Klassischerweise gehört auf die andere Seite der Lieblingsjünger Johannes. Passend wären auch noch weitere weibliche Fans von Jesus.

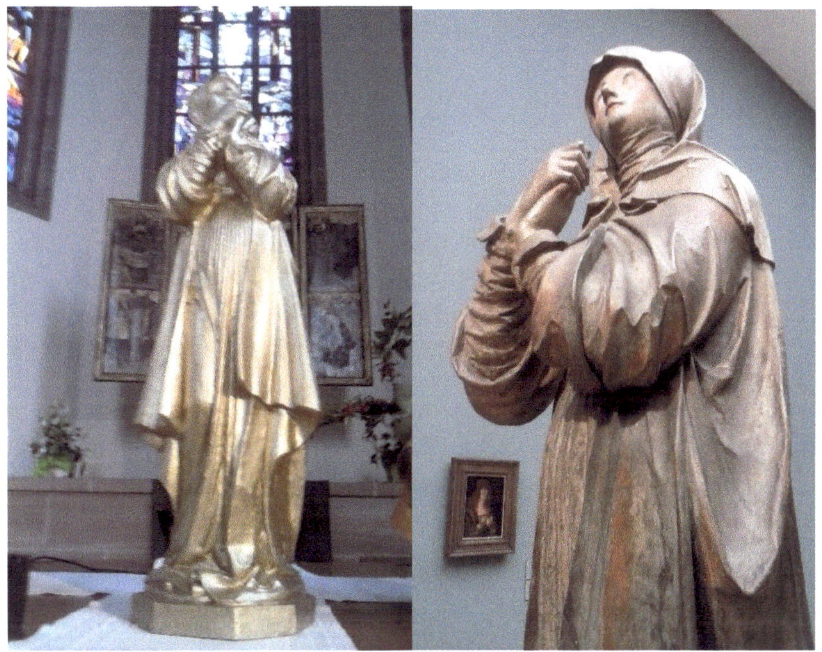

Rechts die Madonna im GNM, während vor dem Gebäude die Massenmadonna präsentiert wurde, links die „erwählte" Madonna in religiöser Funktion in der Dreieinigkeitskirche Nürnberg nach dem Event.

Hörl präsentierte die Mustermadonna als Massenware von 700 Stück in „Gold" vor dem Museum.

---

[183] Ottmar Hörl, geb. 1950

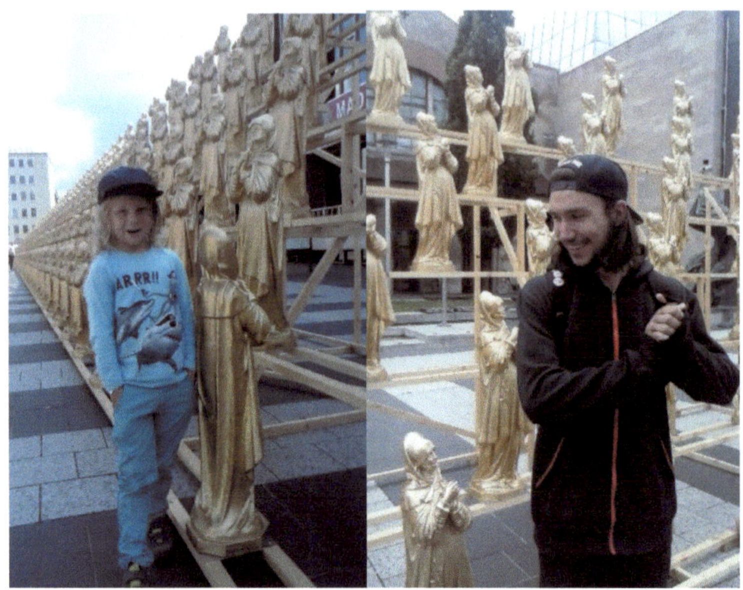

Präsentation der „Nürnberger Madonna" vor dem GNM. Die Madonna neben dem kleinen Jungen ist umgedreht, d.h. die ursprünglich dort positionierte Madonna wurde entwendet und durch eine weitere ersetzt. Der junge Mann hingegen imitiert vergnügt die Gebetshaltung und blickt zur Ikone hinunter statt auf zu ihr. Die im Weiteren verwendete Ikone ist beim ersten Bild in der zweiten Reihe die erste.

Schon 2013 präsentierte Hörl in Nürnberg seinen grünen Hasen als Hommage an Dürer: Der Hase in der Farbe des „Rasenstückes".

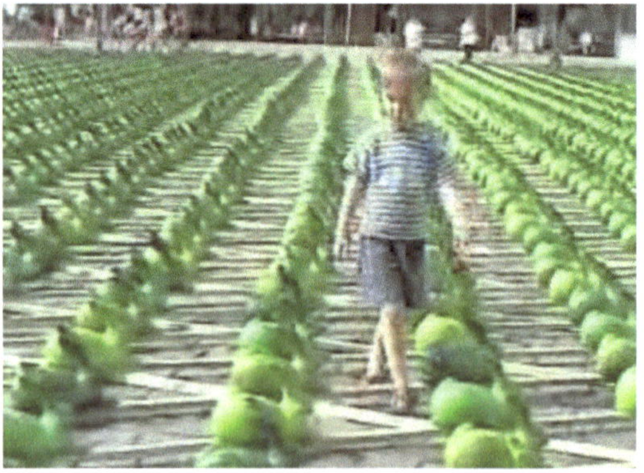

Wir gehen von Hörl aus ein Stück weiter und machen aus der Massenware Einzelphänomene, der wir unterschiedliche Titel geben

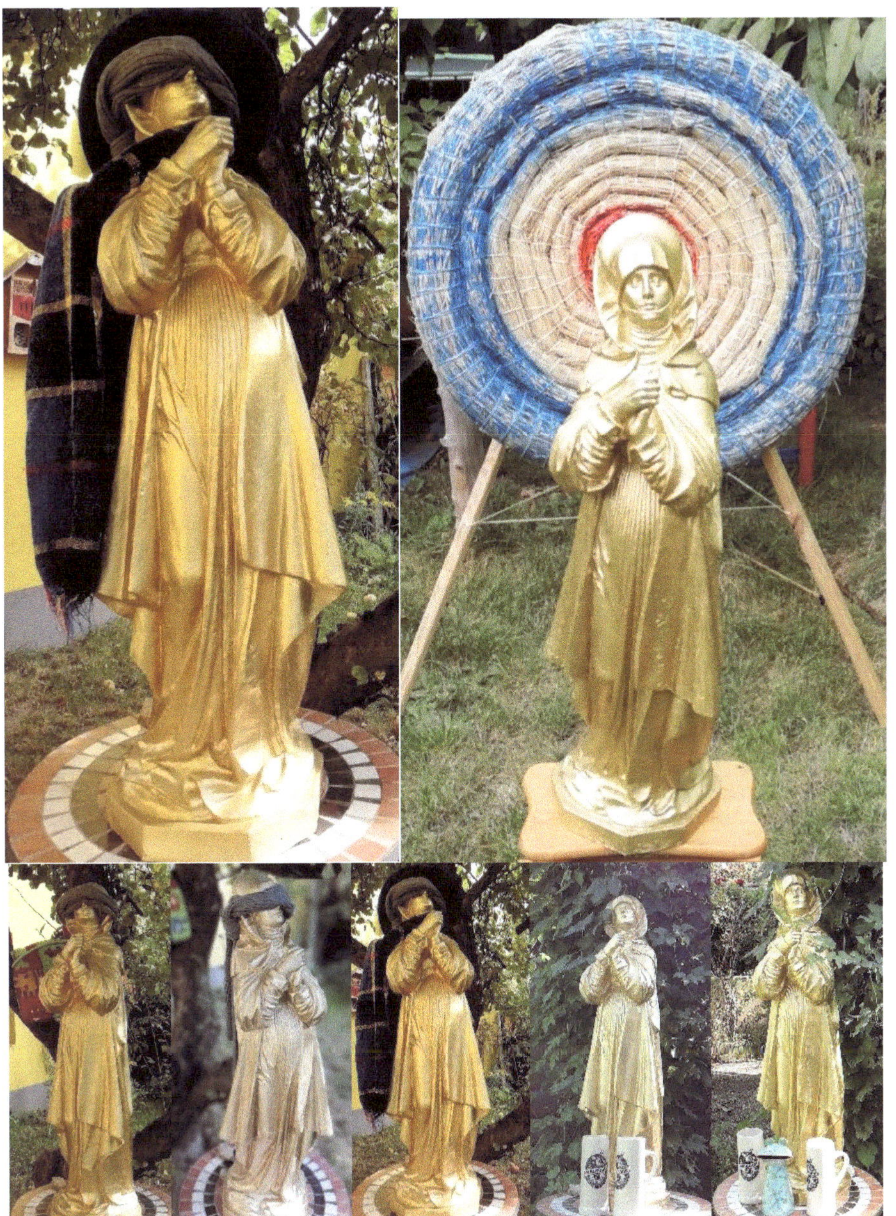

Von links nach rechts: die MaFROMMA, die blinde Justizmaria, die Boheme-madonna, die Hopfenmadonna, die Hopfenmadonna mit Frosch.

Die Hopfenmadonna ist unter einem Hopfengewächs platziert, umgeben von Stark-bierkrügen und begleitet von einem Frosch, der natürlich die Himmelskönigin an den

Froschkönig erinnert. Man kann sich fragen, was wohl aus den beiden wird, wenn sie sich küssen… vorerst küsst die Madonna nur ein Hopfenblatt.

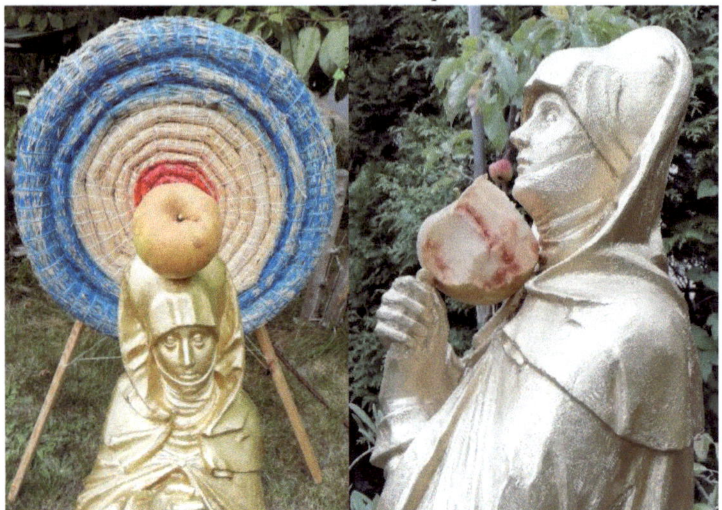

Anders als bei Ikonen ist bei der „Maria mit dem Heiligenschein" die Person golden, nicht der Hintergrund. Ihr Heiligenschein ist eine Zielscheibe, wie eine Projektionsfläche, mit den Farben der „Himmelskönigin" rot und blau. Durch den Apfel wird sie zur Tell-Donna.

Nächste Variante: In den betenden Händen hält sie einen angebissenen Apfel, eine Assoziation an Eva im Paradies. Wie auf vielen Darstellungen Jesus die Schlange aus dem Paradies besiegt, so überwindet Maria die Versuchung aus dem Paradies im Garten dadurch, dass sie genussvoll hineinbeißt. Es ist ja wirklich nur ein Apfel und nicht die „Frucht der Erkenntnis von Gut und Böse".

12.6 Readymades

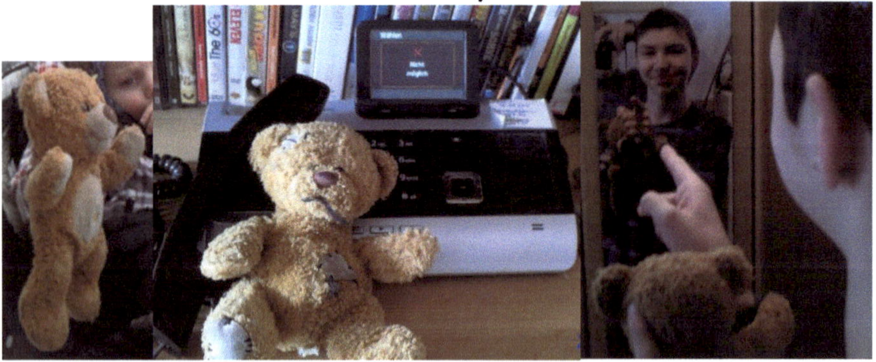

Der kleine Bruder nennt sein Kuscheltier „Ej". Der große Bruder macht daraus ein „Ej"-Phone und ein „Spiegel-Ej".

124

Readymade ist konkreter Dadaismus, weil er sogar auf die Kunstfertigkeit verzichtet. Er stellt etwas dar mit vorfindlichem Material.

Ein Objet trouvé ist ein Alltagsgegenstand oder Abfall, der wie ein Kunstwerk behandelt wird. Readymade wird er genannt, wenn ein Künstler am vorgefundenen Objekt keine oder kaum Bearbeitungen vorgenommen, den Gegenstand also lediglich präsentiert und für Kunst erklärt hat.

12.7 Rasur dada

Rasur? Der junge Mann schafft das nicht so ganz. Das ist wie eine Erstrasur von eigener Hand. Die Handhaltung ist falsch, denn: Rasieren geht nur gegen den Strich. Nur wenn sich die Haare dir widersetzen wollen, wirst du eine glatte Haut erreichen.

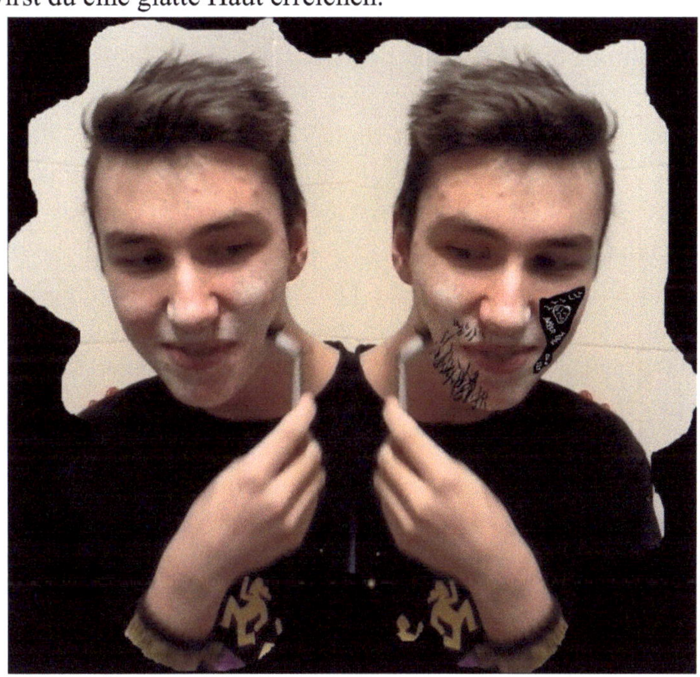

Spieglein Spieglein Tabula Rasa
Glattrasieren geht nur gegen den Strich.

Rasieren kommt von radere[184] und dazu gehört „Tabula rasa". Ist das nicht immer wieder das Ziel: Alles wird ausradiert, um etwas wirklich

---

[184] Lat. Schaben, Kratzen

Neues schaffen zu können. Tabula rasa kommt aus der römischen Pädagogik: Wenn der Schüler etwas geschrieben und gerechnet hat, wird die Tafelaufschrift ausradiert. Dann geht es weiter, auf dem Boden des bisher Erreichten. Die Tabula fertigte man aus Wachs, das war leicht zu glätten.

Die erste Rasur ist eines der Initiationsrituale. Wirf dein Schaukelpferd weg und werde ein Mann: Weg mit Dada… Dann wirst du erwachsen. Erwachsene erkennen oft gar nicht, wieviel Dada bei ihnen stattfindet, plakativ bei sog. „studentischen Verbindungen", für die ein Schmiss, also eine im Duell herbeigeführte Verletzung als Ehrenzeichen gilt. Das ist „Ehre" auf Erdogan-Niveau.

Tabula Rasa: Neu beginnen, die Fehler nicht mehr wiederholen: Darum ging es 1916 und besonders 1918/19 und dann wieder nach 1945 mit der Währungsreform: Nach dem Krieg sollten alle wieder bei Null anfangen, mit demselben Startkapital. Eine gute Idee – auch biblisch bezeugt und in Israels Zeiten nur einmal umgesetzt statt alle 70 Jahre. In der Bundesrepublik wurde die Reform natürlich nicht knallhart umgesetzt, denn Grund und Boden oder Geschäfte blieben erhalten. Neustart für alle? **DADA**.

Zum Rasieren gehört einseifen. Oder zweiseifen oder dreiseifen? Es muss schäumen, viel zu sehen sein, mit viel Luft dazwischen. Aber das Einseifen ist nicht das Rasieren. Die Luft geht raus, der Schaum fällt zusammen. Das scharfe Messer muss ran.

Das geht erst einmal sogar konform. Auch konventionell kann man eine Menge erreichen. Aber wenn man die alten Haare konsequent auf Null kürzen will, muss man eben gegen den Strich rasieren.

Dafür muss die Haut glatt sein. Männer, nassrasierend, wissen das: du musst die Haut anspannen, damit sie glatt und hart ist, damit die Oberfläche hinterher stimmt. Ohne Anspannung geht es nicht.

13 „Gelaismus"

Von Dadaismus hatten wir 1973 in der 11. Klasse Gymnasium keine wirkliche Ahnung. Wir diskutierten über Existentialismus und stellten Selbstversuche mit weichen Drogen an, nachdem unsere Lehrer als Drogen eher Wein und Bier bevorzugten, manche auch Nikotin. Es war die

Zeit, in der es als kulturelle Errungenschaft galt, wenn in einem Gymnasium ein „Raucherzimmer" eingerichtet wurde. Freilich gab es nur ein einziges, für Schüler wie auch Lehrer. Man konnte sich gegenseitig vor Rauch kaum erkennen, aber es war prima. Über das sog. dritte Geschlecht machte man sich keine Gedanken, aber während die Toiletten sogar vierfach getrennt waren (was bis heute so blieb: Jungen, Mädchen, Lehrer, Lehrerinnen), war das Raucherzimmer vereinend.

Damals flossen durch den Rauch auch Informationen, die durchaus die konkreten Noten beeinflussen konnten, da man in jenem Raum klammheimlich ein paar Bemerkungen von tiefenentspannten oder hektisch glimmenden Lehrkräften aufschnappen und später in der Klassenarbeit gut umsetzen konnte. Erst nach Jahrzehnten checkte ich, dass es im Berufsleben ebenso läuft. Wenn sich Leute des Rauchens wegen zusammenstellen, reden sie meistens miteinander. Das ist nicht immer Dampfplauderei. Oft genug wissen Raucher mehr als andere...

Zurück in die 11. Klasse. Stefan war im französischen Zweig – seine Familie hatte lange im französisch-sprachigen Brüssel gelebt -, ich philosophierte in Griechisch. Stefan und ich erkannten die Absurditäten dieses Lebens, über die nicht einmal ein guter Joint hinweghelfen könnte, wenn man, wie wir, nicht den Zugang zur Wirklichkeit verlieren wollte.

Jenseits von Joints und Trips vertieften wir das Wissen darum, dass man das alles nur mit Lachen durchstehen konnte. Parallel prägte mich jedoch eine nervige Erfahrung: Als wir wieder mal ein Pfeifchen kreisen ließen, saßen Tommy, Bräuni und Drucker im Eck und kicherten vor sich hin, als würde ein Witz den anderen jagen. Aber es gab keine Witze. Dann machten sie sinnlose Bemerkungen und kicherten im Chor. Ich hatte mitgeraucht, aber das ernüchterte mich: So blöd wollte ich nicht sein. Danach rauchte ich keinen „Stoff" mehr.

Einige Wochen später „warf" ich einen „Trip" ein, weil ich Erfahrung sammeln wollte. Ich wusste von vornherein: Darauf willst du dich nicht dauerhaft einlassen. Drogensüchtig? Nein. Da war ich mir zu gut dafür. Ich machte tolle Erfahrungen, nahm die Wirklichkeit intensiver wahr, malte farbkräftige Aquarelle, schmeckte die Tiefe von Leberwurst und lachte dreidimensional mit meinen Kumpels Franky und Johnny über

Donald Duck. Mit einem Joint brachten wir uns wieder „runter", freilich nicht ohne „Kotzen".

Stephan begleitete uns nicht auf dem Trip. Die beiden anderen wurden später Jurist und Tierarzt.[185]

Stefan und ich erkannten: Lachen ist die Lösung. So verfassten wir in alter kommunistischer Tradition ein gespenstisches Manifest. Als Humanist brachte ich die altgriechische Version von Lachen ein: Γελαν. Klingt fast wie Galan. Das ist Französisch und auch nicht schlecht. Die erlösende Weltsicht etikettierten wir als Gelaismus.

Wir hatten nicht geraucht, aber wir lachten, als wir unser „Manifest" erstellten und uns zuraunten: „Es geht ein Gespenst um in Europa." Das Kommunistische Manifest fanden wir irgendwie stark.

Dieses „gelaistische Manifest" erinnert an die Ursprünge von Dada, auch wenn es nicht so professionell erarbeitet ist. Unsere Intentionen waren keineswegs unpolitisch.

Dada war für uns z.B. das Thema Kernenergie: Franz Joseph Strauß initiierte als Atomminister die KKW. Bis heute hat die CSU keinen Weg zur Endlagerung oder zur Entsorgung des radioaktiven Abfalls gefunden – es ist nur klar: nicht in Bayern. **DADA**. Von Straußens AKWs bis heute ist es länger als ein halbes Jahrhundert. Die CSU fand immer wieder Wege, wie die KKW-Betreiber absahnen konnten – ohne für ihre Abfälle zu haften. Da kann man nicht mal mehr lachen. Höchstens wie ein Irrer! Aber irre war Gelaismus von Löwenthal / Schoßwald nicht gemeint.

Unter der Überschrift „Doktrin" folgt eine Leerzeile. Es gibt eben keine gelaistische Doktrin. Das wäre ja bierernst und damit nicht zum Lachen. Unser schulischer Kontext verrät sich durch die Hinweise auf Limes, Unendlich und „0". Da bauten wir findig Mathe ein, als wollten wir etwas beweisen: q.e.d.

Den Wahrheitsgehalt als absolut zu bezeichnen war für ein undogmatisches Manifest reine Satire. Wir wussten nicht, dass auf diesem Niveau sich bereits die Berliner Dada-Urgesteine präsentierten.

---

[185] Gut so? Nein, denn der Tierarzt machte in der CSU Karriere. Wie bigott! Insofern passte er wiederum zur CSU.

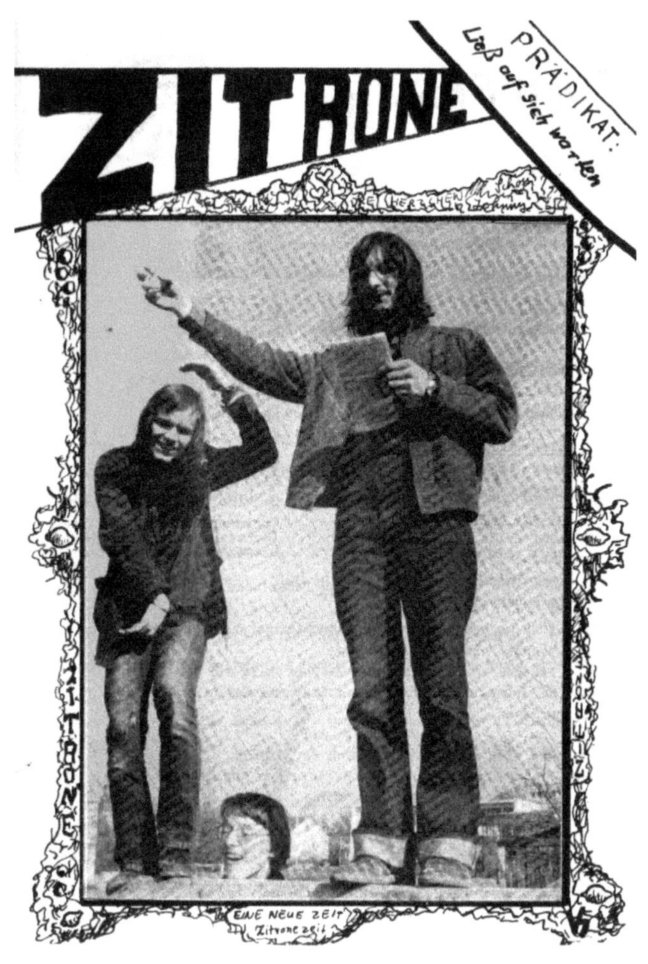

Gelaismusproklamation auf der Titelseite der Schülerzeitung

Die spätpubertäre Denke zogen wir durch und nahmen sie am Schluss durch die absolute Nivellierung auf den Arm: „Friede, Freude, Eierkuchen". **DADA.**

Wir waren uns keiner dadaistischen Traditionen bewusst, aber der Impuls war eindeutig. Stefan kommt leider nicht mehr zu den ansonsten fast kompletten Klassentreffen. Bei denen trinken wir fränkischen Wein, lachen und verzichten auf Tiefsinn nach dem Trinkspruch „So jung kommer nimmer zsamm!".

                    Gelaismus

Gründer: Stephan Löwenthal   Volker Schoßwald
Namensherkunft: γελᾶν   lachen

Anhänger: Gelaisten
Entstehungsdatum: 23.10.73

                    Doktrin

Zwang der Entstehung:
        Erkenntnis der Sinnlosigkeit der Existenz
Notwendigkeit: Pragmatismus
Theoretische Discussion: limes $N \to \infty$ N = Nonsens
Wahrheitsgehalt: absolut
Gegner: ideologische Positivismus - Pessimisten
        verständnislos grinxende Intellektuelle
        dogmatisierende Theoretiker
Politisches Leitmotiv: ideologisch offen
Ziel: Menschen ein Lächeln zu entlocken
Zielentfernung: $Z \to 0$
Daseinsberechtigung der Lehre: Notwendigkeit des Lachens
Daseinsberechtigung des Menschen:
        Existenzfreude durch Freude
Stellung zu Problemen: Praktizieren, nicht agitieren und
                                        lamentieren

        Ernsthaft handeln, aber freudig!

     LEBEN DURCH LACHEN

            Friede, Freude, Eierkuchen

Ein Gespenst geht um in Deutschland ...   der Gelaismus

Gelaistisches Manifest vom 25.10.1973

14 Der Mythos von Sisyphos

1972 veröffentlichten „Ihre Kinder" die LP „Anfang ohne Ende". Das Lied schrieb Sony Hennig. Als Jugendlicher hörte ich das Titellied immer wieder an. Die dadaesken Formulierungen brachten etwas in mir zum Klingen: „Ich pflege meinen Hund, so gut ich kann..." mit der programmatischen Fortsetzung: „doch ich binde ihn an keinem Haus mehr an..." Für mich war der „Hund" Metapher für meine Seele und meine Kreativität.

Jahrzehnte später begegnete ich Sony Hennig im Funkhaus Nürnberg, wo er Aufnahmen mit mir leitete. Ich sprach ihn auf dieses Lied an und dass mein Sohn (7) bereits „Fan" von dieser „Ihre Kinder"-Lieder sei. Sony lächelte, blickte hinunter auf sein lädiertes Bein und sagte: „Ja, das ist mein Leben. Immer wieder anfangen. Anfangen ohne Ende..." Das ewige Anfangen löst 2019 der Anfang der Ewigkeit ab.

Anfang, Ende des Anfangs, Ende der Phase, neuer Anfang, Ende... irgendwie wirkt so ein Leben absurd. Das hat keine schöne, glatte Form, sondern wirkt widersprüchlich.

Absurd!

Dieses Absurde nahm Albert Camus[186] als Ausgangslage für seine philosophischen Überlegungen: Absurd ist das Leben, weil du nie „das" Ziel erreichst, sondern... Das veranschaulichte er an dem bekannten antiken Mythos von Sisyphos als Metapher.

Absurd war in Camus Biographie, dass er nicht zu den Prüfungen für die Aggregation zum Gymnasiallehrer zugelassen wurde, weil er TBC gehabt hatte. Welche großen Geister hat die Weltgeschichte schon ans Gymnasium verloren! Vielleicht konnte Camus sich nur so zu einem der bedeutendsten und einflussreichsten Philosophen des 20. Jahrhunderts entwickeln.

Er wurde nur 46 Jahre alt. Absurd, dass ich 54 Jahre nach seinem Tod (!) lesen durfte: Der SS-Scherge ...(sein Name sei ausradiert), verantwortlich für den Tod von über 100 Menschen ist nun im Alter von 100 Jahren verstorben. Mit 98 Jahren war er zu lebenslanger Haft verurteilt worden, die er als Hausarrest teilweise als Freigänger absitzen durfte. Absurd.

Im „Mythos von Sisyphos" schrieb Camus 1943 „Dieser Mythos ist tragisch, weil sein Held bewusst ist."[187] Das Bewusstsein ermöglicht es uns erst, die Absurdität des Daseins, zu erkennen. Freilich entschied sich

---

[186] 7.11.1913 - 4.1.1960
[187] Der Mythos von Sisyhos", rororo S.99

Camus gegen die Resignation, damit auch gegen den Selbstmord[188]: „Es gibt kein Schicksal, das durch Verachtung nicht überwunden werden kann."[189]

Doch auch die Verachtung führt immer wieder zurück zu dem Stein, der zum Gipfel gerollt werden muss: „Unsere Nächte von Gethsemane sind das. Aber die niederschmetternden Wahrheiten verlieren an Gewicht, sobald sie erkannt werden."[190] Camus lässt Sisyphos sogar sagen: „Ich finde, dass alles gut ist."[191] Diese Sichtweise ist eine Entscheidung, sie ergibt sich nicht von selbst.

Camus wandte sich wegen der kolonialherrschaftlichen Undemokratie in seiner Heimat Algerien und der Kooperation Frankreichs mit den Nazis den Kommunisten zu. Diesen Camus stießen die Kommunisten dann aus ihren Reihen, als er erklärte, dass der Zweck nicht die Mittel heilige und die Grausamkeiten Stalins nicht durch das Ziel der klassenlosen Gesellschaft gerechtfertigt wären – sein zeitweiser Weggefährte Sartre urteilte hier anders.

Camus fand unter Christen Sympathisanten, aber er dachte etsi deus non daretur: Das Gefühl des Absurden „vertreibt aus dieser Welt einen Gott, der mit dem Unbehagen und mit der Vorliebe für nutzlose Schmerzen in sie eingedrungen war. Es macht aus dem Schicksal eine menschliche Angelegenheit, die unter Menschen geregelt werden muss."[192]

Für Theologen ist die Theodizeefrage nach der Gerechtigkeit Gottes angesichts der Ungerechtigkeit in der Welt eine zentrale Anfrage. Da kann Camus „weiterhelfen". Er schrieb über das Denken des Absurden, dass es in die „ausgedörrten Einöden, in denen das Denken seine äußerste Grenze erreicht"[193] führt und folgerte: „Die wahre Leistung besteht …darin, sich dort solange wie möglich zu halten."[194] Das gilt für die Theodizeefrage in besonderer Weise, weil dort „Antworten" nicht wirk-

---

[188] Der Selbstmord ist nach Camus' philosophischem Selbstverständnis die zentrale Frage der Philosophie, weil es dabei tatsächlich um Leben und Tod geht. Ebd. S.9
[189] Ebd.
[190] Ebd. S.100
[191] Ebd.
[192] Ebd. S.100
[193] nach Karl Jaspers
[194] Ebd. S.14

lich tragen.[195] Hier hat Camus über seine „Modezeit" hinaus bleibende Bedeutung.

Am 4. Januar 1960 löste Albert Camus eine Fahrkarte nach Paris, ließ sich aber überreden, im Auto eines Freundes mitzufahren. Die Fahrt endete für ihn tödlich. Ein Hinterreifen platzte und das Auto prallte gegen einen Baum. Absurderweise trug Camus noch seine Fahrkarte in der Tasche.

Über Dada und Existentialismus diskutierte man in den 1950er Jahren nach Äußerungen des Dada-Mitbegründers Richard Huelsenbeck[196]. Mit 22 Jahren nach Berlin gekommen, war er 1916 nach Zürich ausgewandert, weil er den Kriegsdienst verweigerte. Huelsenbeck traf bald mit Hugo Ball und Tristan Tzara zusammen und gestaltete das Programm im Cabaret Voltaire mit. 1917 kehrte er nach Berlin zurück, gründete eine Dada-Gruppe und verfasste sein „Dadaistisches Manifest". Der „Programmatiker" des Dada geriet in Auseinandersetzungen mit Kurt Schwitters. Auf seine Diffamierung Schwitters als „Caspar David Friedrich der dadaistischen Revolution" reagierte dieser mit der Verhohnepiepelung „Hülsendada". Diese Formulierung klingt dadaistischer als die Huelsenbecks.

Nach der Zeit der Weimaer Republik, als die Nationalsozialisten die Hirne leerten, die Gefängnisse füllten und von einer feigen, selbstgerechten schweigenden Mehrheit getragen wurden, wanderte Huelsenbeck in die USA aus. Kein Geringerer als Albert Einstein ermöglichte ihm dort den Start als ärztlicher Psychotherapeut.

Der Krieg hatte eine Verwüstung von Werten und Worten hinterlassen, für die „Dada" ein passender Begriff war. Zugleich entwickelte sich der Existentialismus, der in seiner Radikalität der Infragestellungen dem Dada in Nichts nachstand. So konnte Huelsenbeck beide Richtungen auch theoretisch in Beziehung setzen.

Wenn das Leben absurd ist und durch nichts eine Rechtfertigung erfährt, durch nichts einen Sinn erhält, dann kann man „**DADA**" reagieren.

---

[195] Seelsorge wird für Seelsorger hart, wenn sie an der Grenze zur Sinnlosigkeit ohne Antworten präsent bleiben und sich weder körperlich noch argumentativ aus dem Staub machen. Siehe auch Schoßwald, Gottes Allmacht? Ungedeckte Ausreden, in: DPfrBl 94

[196] 23. April 1892 – 20. April 1974

15 Exkurs: Dada? Jesses!

Aktionsmäßig passt der historische Jesus in die Dada-Bewegung. Er widersetzte sich sozialen Protokollen und Parolen. Die ersten Schüler, die er aufforderte, ihm zu folgen, waren galiläische Analphabeten. Galiläer galten den Juden ohnedies als minderwertig, denn sie lebten in engster Nähe zu den Gojim, den Heiden aus den Nachbarländern oder Besatzungstruppen der Römer. Der Kontakt mit ihnen machte unrein, quasi unkoscher – etwas Schlimmeres gibt es bei den Ganz-Frommen nicht. Jesu Schüler waren Fischer – so ziemlich der primitivste Beruf, denn dazu bedurfte es nicht vieler Bemühungen.

Da denke ich an meinen Opa Franz[197]. Seine Mutter Theresa war durch ihr uneheliches Kind Joseph eine Out-Cast.[198] Sie heiratete Franzens späteren Vater Franz. Der war alles andere als ein Karrierist, sondern ein bettelarmer Türmer auf dem Kirchturm des Katharinen-Münsters von Freistadt in Oberösterreich. Da konnte er zwar die Vernichtung bäuerlicher Existenzen durch Flächenbrände mit seinen Warnungen verhindern, aber besoldet wurde er mies. Noch heute kann man, wenn man den Pfarrer kontaktiert, in seine Türmerwohnung hochsteigen: Zwei Zimmer übereinander, direkt unterm Glockenstuhl. Nix mit Toilette oder fließend Wasser… Er war zwar die höchstgestellte Persönlichkeit des Provinzstädtchens, aber nur physikalisch. Physisch endete er im Armenhaus dank Unterernährung.

Sein Sohn wollte als Sprössling einer Underdog-Family ausbrechen. Er schaffte das. Die Traumlehre vom Büchsenmacher (Waffenproduzent) schnappte dem Franz jun. ein betuchteres Büblein weg, aber er wurde Sattler, sogar Meister… Mit der Familie ging es aufwärts. Sein Sohn brachte es zum Schulleiter, sein Enkel studierte, promovierte…

Meinen Uropa Franz[199] aus der Outcast-Turmwohnung assoziiere ich bei Jesu ersten Jüngern. Mit solchen Menschen ohne gesellschaftliches Renommee bildete Jesus eine Clique. Petrus, diesen ungebildeten Fischer aus Kapernaum am Galiläischen Meer erklärte man zum ersten

---

[197] 1894-1965; zu biographischen Details V. Schoßwald, Es klappert die Mühle
[198] Also das Gegenteil einer heiligen „Mutter Theresa".
[199] 1861-1921

Bischof von Rom. So wurde er Erstling der römischen Bischöfe, die sich später Päpste nannten. Freilich, das hat Dr. Dr. Dr. Albert Schweitzer[200] akribisch herausgearbeitet, erwartete Jesus, dass es keine Generation mehr dauern würde, bis das Ende aller Zeiten gekommen wäre. Da ging es nur noch um Menschen, nicht mehr um Kompetenzen in Kirchenleitungen oder dergleichen. Dr. Schweitzers Rezeptblock enthält die Warnung: „Vor Endzeitaussagen Zweitmeinungen einholen. Wenn sich schon Jesus täuschte, wird es kaum besser werden." **DADA**

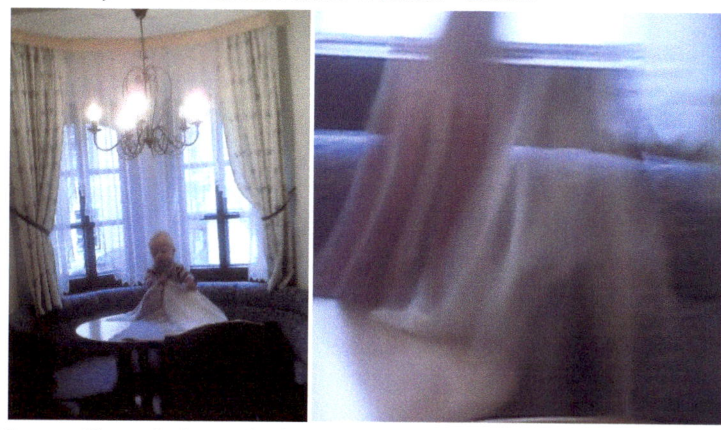

Der Türmer-Ururenkel verschwindet wie ein Gespenst in der Wohnung, in der seine Ururgroßmutter sich um die Wäsche kümmerte… Kommentar des Zweijährigen: „dada…"

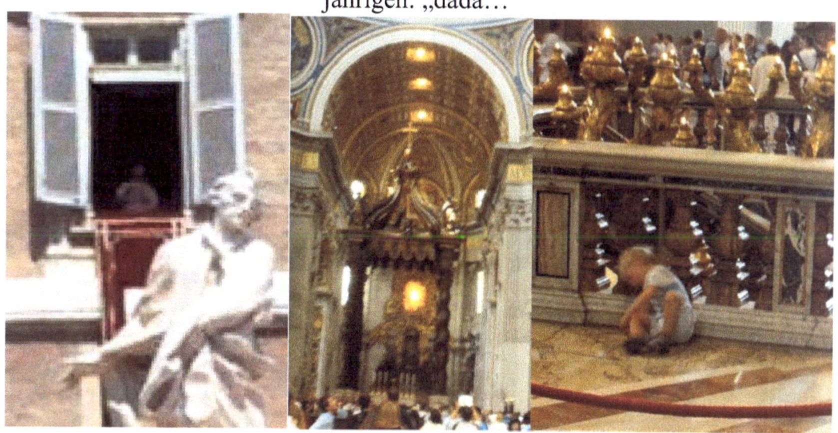

Papst Franziskus (im Hintergrund), der Stuhl Petri und der Türmer-Urururenkel hinter der Absperrung über dem Grab des Petrus und unter Petri Stuhl (mit Windel)

---

[200] A. Schweitzer, Das Ende der Leben Jesu Forschung

Das Oberhaupt der weltweiten und finanziell potenten römisch-katholischen Kirche hockt auf dem Stuhl Petri. Franziskus ist ein gebildeter Mann, studiert und trotz des Armutsgelübdes materiell gut gestellt. Mit dem illiteraten Fischer Petrus hat der Pontifex Maximus so gut wie nichts gemein, eigentlich gar nichts. Er sitzt nicht nur auf dem Stuhl Petri (wie das Bild zeigt: Ebenso prunkvoll wie unbequem), er wird auch Stellvertreter Christi genannt. **DADA**.

Pontifex Maximus heißt „Oberster Brückenbauer", ein Ausnahmetitel. Wozu braucht man Brücken, wenn der Chef übers Wasser geht und seinen Vorarbeiter Petrus dazu einlädt? **„OBERSTER WASSSERGÄNGER"**, das klänge cool.

Jesus würde sich im Grabe umdrehen, wenn er noch darin läge. Wäre er vernünftig gewesen, wäre er nach seinem schmählichen Tod am Galgen auferstanden und auf der Stelle weg gewesen. Christi Himmelfahrt wäre der Rücksturz in den Himmel gewesen und er hätte die Erde hinter sich gelassen wie einer, der mal aufs Klo geht, die Kloschüssel.

Aber die weiteren Geschichten um Jesus nach seiner Bestattung verbinden sich mit dieser Erde. Manche attestieren Jesus sogar eine Allgegenwart (Ubiquität). Jesus **hier**, Jesus **da**: Jesus **dada**? Jesus dada. Die Geschichte seiner Anhänger, seiner ersten Gemeinden, seiner weltweiten Kirche verbinden sich von Anfang an mit üblen zwischenmenschlichen Aktionen. Die erste Quelle ist die sog. Apostelgeschichte. Was sich zwischen Jesu leiblichem Bruder Jakobus, dem seltsamen und sehr selbstbewussten Quereinsteiger Paulus und dem angeblichen Vertrauensjünger Petrus (jüdisch: Simon) abspielte, lässt viel von der Bedeutung Jesu erkennen, aber wenig von dem Wirken seines (Heiligen) Geistes. Schon in der ersten christlichen Gemeinde in Jerusalem nach Jesu Tod ging es menschlich und vor allem allzu menschlich zu (Nietzsche).

„Allmächt!" rufen die fränkischen Närmbercher, wenn etwas Irritierendes geschieht. Nürnberg gehörte mit zu den ersten protestantischen Städten Deutschland. Man wollte dem Verstand sein Recht geben und vor allem der persönlichen Überzeugung. Das Ganze verband man mit herkömmlicher Religion. In dieser Religion gab es den „Allmächtigen".

Den „Allmächtigen"[201] rechnet man seltsamer Weise zu Jesus. Wie kann einer, den die Mächtigen an den Galgen hängen, allmächtig sein? „Oh, er hat doch so viele Wunder getan!" Echt? Gerade bei sich zuhause in Nazareth war der Bub von Joseph ziemlich erfolglos.[202] Auch sonst heilte er selektiv. Abgesehen davon „heilten" auch andere, das war kein Alleinstellungsmerkmal.[203] Aber am Schluss wurde er gekreuzigt, vorher noch gefoltert und verspottet. „Steig doch herab vom Kreuz, wenn du der Sohn Gottes bist", plärrten seine bigotten und sadistischen Feinde.

Noch 1900 Jahre später wurde diese Verhöhnung von den muslimischen Türken gegen armenische Christen eingesetzt, vermutlich spontan und keineswegs aufgrund ihrer Bibelkenntnis.

„ 'Der christliche Gott hilft nicht!' lautete der hämische Vorwurf der ,Moslems' – auch hier in Anführungszeichen, denn das Fehlverhalten von Mitgliedern einer Religion ist nicht der Religion als solcher vorzuwerfen, es sei denn, es findet sich bereits in den Quellen. Einem Moslem wird man indes nie die ausbleibende Hilfe „Gottes" vorwerfen können, denn sein „Insch-Allah" entschuldigt alle offenkundig ausbleibende Hilfe „Allahs"."[204] Bei den christlichen Piet-kongs erledigt dies der unerforschliche Ratschluss Gottes.

Also: Am Kreuz zeigte sich Jesus keineswegs als der „Allmächtige" oder der „Sohn des Allmächtigen". Er war und blieb machtlos. Wer ihn überhaupt achtet, achtet ihn als einen, der zu den Machtlosen gehört.

Die Christen sagen: Jesus ist Gott. Unsere Darlegung zeigte: Jesus erwies sich als machtlos. Gott ist machtlos! **DADA**?

In Berlin veranstaltete das Dada-Café 2018 einen ,Jesus Walk', „christlich kombiniert mit Dada". Beim Dada-Walk gehört Christus nicht zu den Mächtigen. Er wird nicht der „C"DU zugeordnet. Nein, die CDU outet sich immer wieder wie BER als gaga, aber sie ist weder dada noch christlich. Die CDU als christlich zu bezeichnen bedeutet, Gott zu lästern. Mit der Forderung, auch ein Moslem müsse in der CSU sein können, strich Franz Josef Strauß das „C" aus dem Programm. Aber Logik

---

[201] V. Schoßwald, Allmacht Gottes? Ungedeckte Ausreden, in: DtPfrBl 94/2, S.52ff.
[202] Evangelium nach Markus 6,5
[203] Mt.12,27 sagt Jesus: So ich aber die Teufel durch Beelzebub austreibe, durch wen treiben sie eure Kinder aus?
[204] Schoßwald, Rekrut am Rande eines Völkermords, S.37

gehörte noch nie zu dieser Partei und vor allem ihrer Wähler. Oberbayern wäre jesusfrei, wenn es um das Thema „Fremdenfeindlichkeit" ginge.[205]

15.1 Wo ist Jesus? Da! Da!

```
Jesus geht über das Wasser
aber er fällt überall rein
Jesus achtet das Steuersilberstück
Aber Judas lässt sich seinen Tod versilbern
Jesus stellt sieben Männer gegen den Tod
aber Kreuze über den Gräbern werden durch keine Aufer-
   stehung erschüttert
Das Grab ist leer
das Grab des Lehrers
Kreuze in Schulen von Oberbayern
aber Schüler aus Nazareth sollten dorthin
wo sie herkommen
sagen die Frommen
die gottlosen Frommen
der Anzüge und Kreuzzüge
Das christliche Abendland
gründet im Morgenland
Gibt es auch Abendländer-Käse und Morgenländer-Käse?
Jesus ist in den Himmel gefahren
als seine Nachfahren dorthin flogen, begegneten sie ihm
   nicht.
Jesus ist in die Hölle gefahren.
aber warum ist er nicht einfach hier geblieben?
Jesus sagte: Ich bin die Tür.
Jesus sagte: Ich bin der Weg.
Aber er schloss die Tür vor dem Weg.
Dada-Unser
Die Frauen suchten Jesus im Grab – aber er war nicht
   dadadada…
Jesus verschwand im Nebel vor den Augen der Jünger, die
   stotterten: dadadada, aber er war…
Jesus heilte einen Verrückten
aber dafür versoff eine Schweineherde einen See
Jesus heilte von Aussatz
```

---

[205] V. Schoßwald, Die Geltung des Grundgesetzes, in: Gieschen/Meier „Der Fall Christkind" S.124

ohne einen Satz des Dankes
Was ist unglaubwürdiger: Dass er von Aussatz heilte oder
  dass ihm die dem Tode Entronnenen nicht dankten?
Jesus wurde mit Dornen gekrönt
von Soldaten verhöhnt
von Politikern verraten
von Soldaten verladen
an den Balken gehängt
in der Sonne gesengt
Am Kreuz wurde Jesus ausgelacht
Da hing dann die ganze göttliche All-Macht

15.2 Weihnachten! Dada?

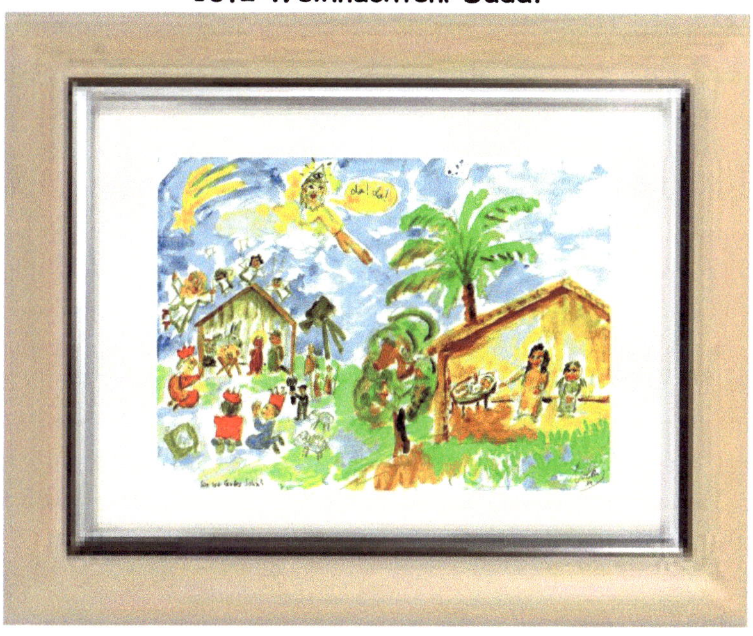

Ein Suchbild: Wo ist Gottes Sohn? In unseren Krippen finden wir ihn
sofort bei Maria, Joseph, Ochs, Esel, drei Königen, Hirten, Komet… Wir
wissen Bescheid. Aber was sagt Gott dazu? „Da! Da!" Er zeigt – und
niemand schaut hin.

Schau mal nach Nürnberg auf den Christkindlesmarkt zum Balkon
der Frauenkirche. Da entdeckst du eine junge Frau, verkleidet wie ein
Engel, die 2019 mit Jesus etwas gemeinsam hatte: einen Shit-Storm.
Denn sie war keine Germanin. AfD-Anhänger wollten die Tradition wah-

ren: Das Christkind ist eine deutsche Jungfrau. Martin Luther führte seinerzeit das „Christkind" ein, zur weihnachtlichen Bescherung. Er rühmte den „heiligen Christ", also Jesus. Jesus eine deutsche Jungfrau? DA DA DA da fehlen mir die Worte. Da hilft nicht mal das „*" in der Geschlechtsnomenklatur unseres politisch korrekten Jahrtausends.

Was hat dada mit Weihnachten zu tun? Meine ich das Kind in der Krippe, das mal „dada" sagen will? Oder sagt Gott in Jesus „dada" zu dieser Welt, weil ihm die vernünftigen Worte fehlen? Schon die Urchristenheit bezeichnete Jesus als den Logos Theou, das „Wort Gottes". 2000 Jahre später ist klar: Das Wort Gottes ist „dada". Wie schon im Johannesevangelium zu lesen ist: „Am Anfang war dada, und dada war bei Gott und Gott war dada und dada wurde Mensch." (Joh.1,1f.)[206] Ich bin mir sicher, ein deutscher Standesbeamter 2020 könnte es sich nicht leisten, den Vornamen „dada" Eltern abzuschlagen. Führend in Deutschland bei DAda: Eltern, die Namen für ihre Kinder anbringen. Nicht wahr, Pumuckel? Stimmt's, Schantalle? Grüß den Majk von mich! Der ist grad drüben beim Gewinn. Oder heißt der Gewin? Oder Kewin? Oder Kevin? Ich muss mal die Iwon fragen. Du weißt schon, das is die Urenkelin vom Donnald seim Obba.

Was hat „Dada" mit Weihnachten zu tun? Hugo Ball und seine Mitchaoten organisierten ein akustisches "Krippenspiel": „fff" (Wind) hmmmmmmmm (Ton der Heiligen Nacht) He hollah (Hirten) Ia,ia,ia (Esel) Muh, muh (Ochse) bäh bäh (Schaf) ramba ramba m-bara m-bara... (Josef und Maria) und so weiter...[207] Das Schauspiel lässt offen, ob die Akteure die Geburt des Gottessohnes persiflieren oder die kirchliche und gesellschaftlich Rezeption. Vielleicht war dies für sie deckungsgleich.

Gott schaute auf die Schöpfung und es war alles gut. Zeit verstrich. Gott schaute wieder auf die Schöpfung und konnte nicht fassen, was seine Menschen da gemacht hatten: "dada" stotterte יהוה.

---

[206] Dr. Faust, unterstützt von Lesebuchautor J.W.v. Goehte, deklamierte: „'Am Anfang war das Wort'? Ich kann das Wort so hoch unmöglich schätzen. Am Anfang war... die Tat!"

[207] Hugo Ball et al., in H.Korte, K.Kupczynska (Hg.) "Dada zum Vergnügen", S.89ff.

Nächster Schritt: Da *liebgt* Gottes Sohn in der Krippe? Echt? Das ist doch dada, Gott kann nicht Mensch sein oder werden... Schauen wir zum richtigen Kind? Auf dem Suchbild könnte man Gottes Hand erkennen. Aber wer achtet an Weihnachten auf Gott, den Vater Jesu? Da sei Media Markt vor!

Da liegt das himmlische Kind in der Krippe? Gottes Sohn in der Kinderkrippe? Ein Witz: Ausgerechnet die atheistische DDR schätzte den Begriff „Krippe" so hoch, dass sie eigene Einrichtungen danach benannte. Dass westliche organisierte Christen nach der Wiedervereinigung die „Krippe" verteufelten, ist... da da da da...

Heute wollen bayerische Ministerpräsidenten in öffentlichen Räumen Kreuze an die Wand nageln, den Gottessohn Jesus aufhängen. Aber was sagt Gott zu dem, was bei uns in öffentlichen Räumen geschieht? Vielleicht denkt er sich: Genau! So wurde Jesus gekreuzigt. Oder stottert Gott nur „**DADA**"?

Parallel zum Aufhängen der Kreuze stehen für den christlichen Religionsunterricht in vielen Schulen keine Räume zu Verfügung. Kein Raum für Jesus außer am Kreuz? Vor allem ist Raum für ein Kreuz auf dem Wahlzettel. Dada.

Ein echtes Weihnachtsfest wäre eines, bei dem man spüren: Da! Da! Da ist der Erlöser.

16 Kirche ist dada. Gott auch?

16.1 Gott ist das Wort

„Dada". Taugt dies als hermeneutischer Schlüssel für ein zeitgemäßes Verstehen unserer Welt? „Alles dada!" Was haben Menschen aus diesem Planeten, aus dem gemeinsamen Leben, aus der Ökonomie, aus der Lebensgestaltung gemacht.

„Mensch?" „Dada!" könnten Extraterristrische bei einer Stippvisite feststellen. Bei den Geschichten der Menschheit muss man sich oft genug wundern, wieviel Widersinniges dieses angeblich vernunftbegabte Wesen seit seiner Entstehung produziert hat. Mensch als Krone der Schöpfung? Isaak Asimov[208] phantasierte Gelungeneres durch seine per-

---

[208] *„Ich, der Robot"," Das galaktische Imperium"*

fektionierten Roboter, aber auch die Fortsetzung der zum Untergang führenden Widersinnsstrategien.

„Gott wurde Mensch" behauptet die weltweite Christenheit nicht nur zur Weihnachtszeit. Inkarnation? „Gott ist da." „Da!" Angesichts der Entwicklung seiner Geschöpfe deutete er entsetzt auf den Planeten und schaute seinen Sohn an: „Da! Da musst du hin!"

„Dada": Was für eine Welt, die jegliche Werte pervertiert – der erste Einsatz von Bomben, Panzern, Flugzeugen und Giftgas. Die Dada-Mamas-und-Papas kamen aus verschiedenen Regionen Europas, stotterten „Dada" und signalisierten: „Schau mal, wie widersinnig das ist! Und so etwas machen intelligente Menschen oder ein guter Gott?"

„Gott ist dada" ist eine christologische Aussage. Für Christen wurde die Vokabel „Gott" durch Jesus von Nazareth geprägt. „Dada" war „Gott" auch schon ohne Jesus. Denn nur wenige Wörter sind so polychrom und gegensätzlich besetzt wie „Gott". Die Germanisten führen „Gott" etymologisch auf „gut" zurück. Wenn wir das inhaltlich füllen, sind die Widersprüche eklatant. Was hat Gott nicht alles schon für böse Handlungen gefordert?! Ersparen wir uns Aufzählungen aus der reichhaltigen alttestamentlichen und kirchengeschichtlichen Quellenlage. Hören wir unseren dichtenden Kollegen Kurt Marti[209]:

> „und ALSO wurde das wort GOTT
>
> zum letzten der wörter
>
> zum ausgebeutetsten aller begriffe
>
> zur geräumten metapher -
>
> zum proleten der sprache"

Selbst theologische Fachbücher sind nicht frei von Ausbeutung des Wortes „Gott". Deutsche Theologen im Umfeld von Karl Barth behaupteten, Theologien dürfe nicht erfahrungsbezogen sein. Der Schweizer Theologe Barth reagierte nach dem ersten Weltkrieg auf schlechte Erfahrungen mit dem Kulturprotestantismus, der abstruse Ergebnisse einschließlich des vom Gott des Vaterlandes gewollten Ersten Weltkrieges produzierte. Barths theologische Reaktion erfolgte also zeitgleich mit der

---

[209] aus: „die passion des wortes GOTT". (aus „Abendland" 1980) (Kurt Marti, Pfarrer und Dichter, 31.1.1921 - 11.2.2017)

Entstehung des Dadaismus. Aber mit dem Verbot, Erfahrung und Rede von Gott zusammen zu bringen schüttete man das Glaubenskind mit dem Barth aus.

Wenn von Gott nicht mehr im Zusammenhang mit Erfahrung geredet werden darf, wie dann? Es geht gar nicht anders. Alle religiösen Quellen im engeren Sinn beruhen auf Erfahrungen. Dabei bleibt klar: Die schriftlichen Quellen sind Dokumente interpretierter Erfahrung! Wenn die Quellen von etwas erzählen, das keiner Erfahrung entspricht, dann ist dies auch keine religiöse Quelle. Das gilt für das Thema „Schöpfung" im Sinne von: Gott hat die Welt gemacht wie auch für das Thema „die Gebote stammen von Gott". Es gilt aber nicht für Äußerungen dafür, was jemand mit und in der Schöpfung für Erfahrungen machte oder wie tiefgehend er die Bedeutung der Gebote erfährt.

Schwierig wird es, wenn Erfahrungen anderer Menschen religiös kommentiert werden, etwa bei Abraham und seinen Nachfahren oder bei David und den folgenden Königen. Hier fungiert in biblischen Texten oft genug „Gott" als Interpretament. Bereits in verschiedenen alttestamentlichen Büchern wurde Gott zur Interpretation von Geschichte missbraucht, auch innerbiblisch nicht ohne Widersprüche.

Wir können das Thema „Erfahrung und Gott" einengen auf existentielle Erfahrungen. Erfahrungen gelten, man darf darüber reden. Wenn es einem verboten wird, lacht man den Theoretiker nur aus. Da können ganze Hörsäle oder Pfarrkonferenzen vor Gelächter erbeben. Ich habe Professoren wie Pfarrer erlebt, die mich spüren ließen: Mit Gott haben sie keine Erfahrungen gemacht, sie reden wie Bäume vom Wandern oder schwärmen wie Wölfe von der vegetarischen Lebensweise. Ja, manche redeten, als ob es einen lebendigen Gott nicht gäbe, sondern er nur eine Konstruktion wäre. Zum Glück bauten mich andere wieder auf. Und zum Glück sammelte ich seit der Kindheit eigene Erfahrungen und verstand manches im Nachhinein neu.

Aber! Barth und die, die er ansteckte, argumentierten auf einem nicht wegzudenkenden und auch nicht weg zu diskutierenden Hintergrund: Von einem im Gefühl erfahrenen Gott konnte alles behauptet werden. Gott konnte einen Kriegseinsatz verpflichtend machen. Das behaupteten Theologen, die sich auf ihn bezogen und das, was sie behaupteten, für natürlich, gottgegeben oder selbstverständlich erklärten. Das wurde in den dreißiger Jahren noch heftiger, denn da gab es auf einmal einen deutschen Gott und einen deutschen Messias und einen germanischen Jesus. Selbst nach der Offenbarung des Antichristen aus Österreich und seines glorreichen Untergangs hielten tapfere Theologen an der „natürlichen Theologie" fest. Gott sei durch die Natur und die Geschichte als ihr Ursprung erkennbar. Mag sein, aber dann hat dieser Gott eine Fratze und ich möchte nichts mit ihm zu tun haben, so göttlich er auch ist. **DADA!**

Über den deutschen Gott und Messias der „tausend Jahre" ab 1933[210] lässt sich nicht diskutieren. Messianischen Zuschreibungen können einfach behauptet werden, auch wenn ein hebräischer Begriff sich im Mund von Antisemiten in Kot verwandelt.

Aber über Jesus können wir diskutieren und über Jesus haben wir eine ziemlich gute Quellenlage im Unterschied zu denen, die ihre Bilder in Gott hineintragen wollen. Jesus und die erzählenden Evangelien sind quasi der Schutzschild Gottes.

Der Jahrhunderttheologe Albert Schweitzer verdeutlichte dies in „Die Geschichte der Leben Jesu Forschung"[211]. Er schilderte verständnisvoll die Anliegen der Interpreten, nahm die Ergebnisse aber differenzierend entgegen, indem er das erkenntnisleitende Interesse in Zusammenhang mit der Interpretation stellte. Er selbst sah Jesus im Kontext des neutestamentlichen Zeugnisses als einen Propheten der Endzeit. Schweitzers Buch erschien noch vor dem Ersten Weltkrieg.

Schweitzers epochales analytisches Buch ist mit seiner Biographie zusammen zu sehen und seinen Erfahrungen, die er mit Jesus gemachte hatte. Er stellte sein Leben in den Dienst der Nächstenliebe.

Über Jesus lässt sich endlos diskutieren. Das wird so bleiben, so lange Gläubige in der christlichen Tradition leben. Wir fokussieren uns auf den Aspekt: Jesus ist der Interpret „Gottes" oder das Interpretament Gottes.

Jesus als Interpret „Gottes" ist tiefer gehängt als die Behauptung der weltweiten Christenheit, in Jesus wäre Gott persönlich präsent. Aber so

---

[210] Ein Herr A.H., a.k.a. A.Schicklgruber aus B. N.B.: Er war ein Österreicher.
[211] 1906 / 1913

ist es eben: Nicht das Wort „Gott" interpretiert, wie Jesus war, sondern „Jesus" interpretiert, wie „Gott" ist.[212]

Man muss nicht glauben, dass Gott sich in Jesus gezeigt hat, aber wer sich als Christ bezeichnet, kommt nicht umhin, Gott und Jesus in eins zu setzen. Das grenzt die Diskussionsgrundlagen ein. Über Jesus können wir aufgrund reichhaltigen Materials diskutieren.

Unter uns Menschen gibt es die Forderung „Redet nicht über uns, redet mit uns!". Übertragen auf Jesus fragt sich: Können wir auch mit Jesus diskutieren? Das ist eine pneumatologische[213] Anfrage. Im kollektiven Sinn würde ich es ausschließen, im individuellen Bereich müssten wir das Wort „diskutieren" so umdeuten, dass es als Begriff keinen Sinn mehr macht. Ohne den Inhalt aus dem Auge zu verlieren, wäre ein anderes Verb konsensfördernder: Glaubende können mit Jesus kommunizieren. Im Interpretationsgebäude von Hartmut Rosa gäbe es resonierende Erlebnisse zwischen Jesus und uns.

16.2 Der Sohn

Wo finden wir Jesus? Den Weihnachtsvorstellungen in unscrcm Kulturkreis zufolge lag Jesus in der Krippe bei Maria, Joseph, Ochs, Esel, drei Königen, Hirten - und drüber flog der Komet... Wir wissen Bescheid. Oder flogen die Hirten, hüteten die Könige den Kometen und strahlten Ochs und Esel als glückliche Eltern?[214]

Jesu Krippe steht traditionell im oberbayerischen Stall. Aber was sagt Gott dazu? Da! Da! Er zeigt. Nicht die Traditionen zeigen uns, wo Jesus ist. Dazu bedarf es des Fingerzeigs Gottes.

Gottes Sohn liegt in der Krippe? Echt? Das ist doch dada, Gott kann nicht Mensch sein oder werden... Schauen wir überhaupt zum richtigen Kind? Herodes ließ die Knaben sicherheitshalber flächendeckend töten. Ist über den zahllosen Krippen zur Weihnachtszeit Gottes deutender Finger zu erkennen. Ach, wer achtet an Weihnachten auf Gott als Vater Jesu?! Die Urchristen entmannten Josef und sexualisierten „Gott".[215]

---

[212] Die Neutestamentler belegen dies für die Hoheitstitel, die Jesus zugeschrieben werden.

[213] Den Heiligen Geist betreffende...

[214] vgl. Gieschen / Meier, Der Fall „Christkind"

[215] Das ist wunderschön zu sehen beim Nordportal der Würzburger Marienkirche, wo Gott Maria durchs Ohr befruchtet mit einem bereits babyreifen Kindlein. In Stein!

16.3 Der Schöpfer

Gott schaute auf die Schöpfung und es war alles gut. Zeit verstrich. Gott schaute wieder auf die Schöpfung und konnte nicht fassen, was seine Menschen gemacht hatten: "Dada" stotterte er.

Bereits der Beginn der Bibel ist für einen logisch denkenden Menschen eine Zumutung: Gott erschafft die Welt. Das könnte man sich noch irgendwie vorstellen und unter Uminterpretation der Zeitangaben sogar mit der Big-Bang-Theory verbinden. Im Hebräischen ist „bara" ein von menschlichem „Schöpfen" unterschiedenes Wort. Aber biblisch enden die „Schöpfungstage" damit, das alles gut bis sehr gut sei. Gott zensierte sein eigenes Werk – ohne demokratische Gewaltenteilung und daher irrtumsbehaftet. Bereits zwei Kapitel später stoßen wir auf die Geschichte vom Sündenfall. Wir brauchen sie nicht biblizistisch aufzugreifen, wir brauchen keine Äpfel aus dem Sack des Weihnachtsmannes eisegesieren, wir brauchen keine Schlange zur Gestaltung der Weltgeschichte. Nein, es reicht bereits die stringente Interpretation, dass die Menschen ihrer Ver-**antwort**ung nicht gerecht werden und Gott nicht wirklich Rede und Antwort stehen können.[216] Das lässt sich in allen Zeiten belegen. Es stimmt zwar und ist Realität, aber passt so gar nicht zu „und siehe, alles war sehr gut". Da liegt der Fehler schon im System. Gott machte alles gut mit Soll-Bruchstelle „Sünde"? Dada.

Soll-Bruchstelle? Selbsternannte Verteidiger Gottes[217] interpretieren gerne ein höheres Gut in diesen Widerspruch hinein. Muss-Fromme berufen sich auf die menschliche Freiheit, als deren Kontrast das Marionettendasein droht. Ich habe Menschen, die sich gut verhielten und dies durchzogen, nie als Marionetten erlebt. Im Gegenteil: Sie konnten Rede und Antwort stehen und Fehlverhalten eingestehen.

Gott machte alles sehr gut und wir reihen Kriege aneinander? Gott machte alles sehr gut und es mündet in den Neoliberalismus? Gott machte alles sehr gut und die Menschen stimmen für Putin, Erdogan und Trump? **DADA.**

---

[216] Wir bräuchten ekklesiologisch eine „Theologie der Antwort".

[217] Von diesem gemeinerweise mit prekären Verstandesmitteln ausgestattet.

16.4 Der Heilige Geist

Charismatische Gottesdienstbesucher kennen das Phänomen. Der Geist Gottes packt eine Anwesende und lässt sie sprechen und sie spricht in einer himmlischen Sprache. Glossolalie nennen es die Fachleute. Unvoreingenommene Besucher könnten es für eine Kunstform halten, analog zum Scat-Gesang im Jazz. Gehörte Dada-Papa Hugo Ball auch zu den Glossolalisten?

bfirr bfirr

ongog

rorr sss

dumpa

feif dirri

chu gaba

raur

ss

Dies deklamierte Ball im Züricher Cabaret Voltaire als stammte er aus einem charismatischen Umfeld. Aber unbeleckte Besucher einer glossolalistischen Szene könnten denken: Die spinnt. Gaga ist dada. Ball dichtete dann auch:

Komm herab, o Herr, komm herab, o Herr,
Wir sehnen uns nach dir.
Das Herze überzückt sich fast.
Dein Wirbel hat uns angefaßt.
Nun sind wir nicht mehr hier.

Der Ohnmacht nah, wie wunderbar
Ruht sichs in deinem Arm.
Kein schlechter Mensch dringt bis hierher.
Keine Nacht und Kält und Hunger mehr.
Hier ist uns wohl und warm.

Der Apostel Paulus sah bereits in urchristlicher Zeit diese geistgewirkte Sprache kritisch. Sie müsste kompetent in verständliche Worte übersetzt werden.[218] Kenner wissen: Das führte schon beim drogenbewirkten Orakel von Delphi dazu, dass professionelle Interpreten ihre Interessen in die Auslegung einbrachten. Die Schlacht von Salamis ging

---

[218] Der semi-realistische Apostel kannte die Gefahr der religiösen Selbstdarstellung.

verloren, das professionelle Auslegen blieb. Der Heilige Geist kann sich genauso wenig dagegen wehren wie Gaia oder Apollon in Delphi.

Die Dadaisten erhoben die Glossolalie 1916 zur Kunstform als Kontrastprogramm: Die unübersetzbaren Lautgedichte verdeutlichten, dass die vernünftige Sprache versagt hatte, pervertiert wurde, keine Verlässlichkeit mehr bot durch die politischen, philosophischen und journalistischen Irreführung in den Weltkrieg hinein.[219] Das Rationale war obsolet.

Welchen Sinn macht Glossolalie? Warum sollte sich der Heilige Geist unverständlich äußern? Das wäre dada. Jesus sprach verständlich. Zur Vertiefung wählte er prägnante Ausdrucksformen wie Metaphern oder Gleichnisse. Der narrative Wanderprediger wurde besser verstanden werden als der dozierende Rabbi.

Bei den Gleichnissen „vom Verlorenen"[220] machte Jesus die Pointe dadurch eindeutig, dass drei ganz verschiedene Geschichten durch eine parallele Aktionsreihe miteinander verbunden sind: Verlieren, finden, sich freuen. Gott stellte er durch eine Hausfrau, durch einen Hirten und durch einen Vater dar. Jesus verdeutlichte: Es geht nicht darum, festzuhalten, was Gott ist, sondern wie er handelt. Er? Oder auch sie. Jesus schenkt Gott eine weibliche Repräsentantin und einen männlichen Vertreter. Dem entnehme ich, dass Jesus „Gott" nicht mit menschlichen Kategorien wie Mann oder Frau definierte, sondern sich auf sein erfahrbares Handeln beschränkte.

Zungenreden vermittelt mir die Sinnlosigkeit göttlicher Äußerungen. Wollen dies die Geist-Laller? Nein! Ihre Show ist Show! Das hat der Heilige Geist nicht verdient. Aber er wehrt sich ja nicht. Selber schuld!

16.5 ...und die Kirche?

Dada und Kirche ist ein schweres Thema, denn aus Theologenmund wirkt es wie Nestbeschmutzung. Dabei ließen sich viele kontroverse Themen ansprechen, bei denen es immer Zustimmung gäbe. Zugleich

---

[219] Ich verwende diese Methode bis heute im Unterricht. Wenn zu viel Unsinn geschieht beginne ich, sinnlos zu reden. Manchmal laut, manchmal halblaut zum genaueren Hinhören. Das provoziert Unverständnis. Irgendwann checken die ersten: Dem Lehrer ist es einfach zu blöd. Also kommt er uns wie blöd... Manchmal führt das zu einem konstruktiveren Verhalten.

[220] Evangelium nach Lukas 15

gäbe es heftigen Widerspruch. Gelebter Widerspruch ist ein Kennzeichen der EKD[221] und ihrer Gliedkirchen. Ist das dada?

Nein, das Schlingern der Evangelischen Kirche zeugt davon, wie hilflos demokratische Strukturen sind, wenn sie nicht über eine eindeutige substantielle Basis verfügen. Wichtig für das Überleben der Kirche sind die zentripetalen Kräfte. Sie müssen das allzumenschliche Auseinanderdriften ausgleichen. Gerade in „Glaubens"-Dingen im weitesten Sinne gibt es gerne Abgrenzungen, die zum Abschotten tendieren und zu Trennungen. Das mag in extremen Fällen angemessen sein, aber oft genug relativiert ein reflektierter Glauben die menschlichen Einsichten, die wir haben und die von anderen nicht geteilt werden. Das ist nicht dada, sondern passt zu Jesu Offenheit seinen Mitmenschen gegenüber wie beispielsweise in seinem lernenden Verhalten gegenüber der syrophönizischen Frau.[222]

„Dada" wird es, wenn Menschen vom Christentum plappern, es aber vom konkreten Christus, Jesus aus Nazareth trennen. Da macht alles weitere Reden zum Unsinn. Als die AfD sich 2018 aufspielte, dass sie die einzigen echte Hüterin des christlichen Weihnachtsfestes wäre, erlebten wir eine Dada-Situation. Wer Jesus an der Grenze zurückschicken würde, braucht kein christliches Weihnachtsfest, da langt die Wintersonnwendfeier. Natürlich beschränkte sich dieses Dada-Christentum nicht auf AfD und Anhänger.

Die EKDada hat festgeschrieben, im Konfliktfall zwischen PfarrerInnen und Gemeinden dürfe keine Schuld festgestellt werden und sie müssten sich eben trennen. Damit öffnete der kirchliche Gesetzgeber der Niedertracht Tor und Tür, einseitig für mobbende Gemeindeglieder, denn im Konfliktfall müssen die PfarrerInnen gehen, da die Gemeinde ja per definitionem ortsgebunden ist. Die EKDada schreibt ganz konkret: Schuld darf nicht benannt werden. Ja, man darf sich nicht einmal daran machen, festzustellen, ob es Schuld gibt! Hier erwies sich die Synode nicht als friedenstiftend, sondern konfliktscheu und verantwortungslos, geprägt durch EKD-Denkschriften, die durch ihre Zahnlosigkeit überzeugen. Aber wenn konkrete Menschen betroffen sind, ist der Verzicht

---

[221] Evangelische Kirche in Deutschland
[222] Mk.7,24ff.

auf Benennung von Verschulden einfach feige. Da macht die Kirchenleitung letztlich gemeinsame Sache mit den Bösen.

Es ist leichter, klangvoll den Klimawandel zu beklagen und das Ertrinken von Flüchtlingen im Meer, als in eine konkrete interne Konfliktsituation zu gehen und dort den Ursachen und Urhebern nachzuspüren. Dazu bräuchte es eine „interne Abteilung", die auch die Ehrenamtlichen im Blick haben müsste. Die Kirche mit ihrer Gesamtstruktur ist eben lau. Das ist nicht mal mehr dada, das ist „Pfui", zum Ausspucken, um in Jesu Diktion zu bleiben.

Was wäre, wenn Pfarrer ihre Predigten ein Jahr lang mit „dada" statt mit „Amen" beschließen? Dann hieße es nicht bekräftigend „So sei es", sondern „Was ist denn da los?!". Jesus ist nicht Gottes großes Amen auf diese Welt, sondern die Frage: „Was ist denn da los?". Ja, was ist denn da los, wenn der Sohn Gottes in die Welt kommt, predigt, heilt und streitet und dann gekreuzigt wird, unter dem Hohngelächter des Plebs und dem überheblichen Lächeln der großen Priester? Dada: Gott kommt und die Seinen nehmen ihn nicht auf. Der Maler Grünewald ließ Johannes auf Jesu Wunden am Kreuz deuten. Gehört zu Johannes die Sprechblase: „Dada"?

„Dada" passt auch zu „Jesu Beschneidungsfest", zum „Palmsonntag" mit dem Volksjubel, zum Gründonnerstag mit den schlafenden Getreuen, an Karfreitag zu fast jeder Szene und an Ostern klänge „dada" nur noch erstaunt. Bei der Himmelfahrt ertönte „dada" schon überrascht und enttäuscht, und an Pfingsten träfen sich „dada" und „Glossolalie" wieder. Alfred Loisy (1857-1940) formulierte klassisch: „Jesus hat das Reich Gottes verkündet; gekommen ist die Kirche." So kann sich „dada is die Kirch" durch das ganze Kirchenjahr ziehen. Wenn die Welt untergeht, was am 21.12.12 noch nicht geschah, singen die Engel statt Halleluja „Dada DuJa".

17 Alles dada?

„DADA" ist kein Zustand, sondern eine Reaktion. Mit „Dada" klingt etwas in uns nach. Es ist kein Räsonieren, wohl aber ein Resonieren. „DADA" ist eine spontane Reaktion, ein Aha-Erlebnis. Wie sollte „DADA" ein Interpretament für die Welt sein, die wir erleben?

Aus europäischer Sicht ist Donald Trump die DADA-Reaktion der US-Bevölkerung, meist weiß, männlich, frustriert,[223] aber auf alle Fälle irrational. Vor diesen Politiker, der alle Konventionen mit Füßen tritt, stellen sich die altbewährten Profis des formalisierten politischen Umgangs miteinander und demonstrierten etwa beim Impeachmentverfahren durch diese Rückgratlosigkeit: „Es geht uns um Macht und sonst nichts. Wenn Donald Trump unsere Macht garantiert, dann ist uns alles andere egal."[224]

Seine Wähler profitieren nur emotional, weil er ihre Wut verkörpert. Ansonsten profitieren die, denen es nur um Macht und den damit verbundenen wirtschaftlichen Erfolg geht.

Anders ausgedrückt: Wenn der US-Präsident behauptet, die Schwerkraft gibt es nicht und nichts fällt zu Boden, wenn man es loslässt, dann hat er Recht. Er („ER"? Die US-Fundamentalisten tragen ihn!) hat Recht und nicht die erfahrbare Wirklichkeit. **DADA**.[225] Bei Galileo Galilei weigerten sich die Vertreter der römischen Kirche, durchs Fernrohr zu schauen, denn nichts, was sie sehen würden, könnte wahrer sein als die kirchliche Lehre und Aristoteles. **DADA**.

17.1 Der Dada-Prozess

Dada ist ein Prozess, der jederzeit leben kann, wenn der Kontext es fordert und Menschen verunsichernde Ausdrucksformen finden und verwenden. Dada ist nicht gut und nicht böse, kann aber das eine oder andere auch sein. Wenn die Berliner Dadaisten ihrem Kollegen Kurt Schwitters vorwarfen, er sei nicht politisch, meinten sie damit, er müsse Position beziehen. Aber für ihn war Dadaismus Kunst.

Freilich: Kunst ist Betrachtung der Welt mit besonderem Blick. Wenn der realistische Maler Wilhelm Leibl propagierte „Gut sehen ist al-

---

[223] Satiriker sprechen von der „Angst vorm langen schwarzen Schwanz". Trumps Beuteschema bei Frauen ist eindeutig, das Beuteschema seiner Frauen ebenso.

[224] 5. Februar 2020: Heute war die Wahl des thüringischen Ministerpräsidenten mit Stimmen der AfD. Hier wiederholte sich die Geschichte, denn in Thüringen kamen auch die Nazis in ihre erste Regierung. Dass sich ausgerechnet ein Politiker der FDP durch Faschisten wählen lässt und diese Wahl nicht ablehnt, ist bezeichnend für die Rückgratlosigkeit der Politik.

[225] vgl. B. Henderson, Flying Spaghetti Monster, und V. Schoßwald, Wir waren doch auf dem Mond.

les!"[226], meinte er mehr als einen Blick für die Perspektive. Er meinte das genaue Hinsehen. Freilich: Wer genau hinsieht, muss nicht zu realistischen Bildern kommen. Das merken alle, die auf den großen Prediger aus Nazareth achten, der mit Metaphern jonglierte und Dinge so präzise auf den Punkt bringen konnte, dass es noch 20 Jahrhunderte später wirkt.

2019 schrieb ich: „Dada ist eine Reaktion auf den allgegenwärtigen irrationalen, sich rational gebärdenden Faschismus." 2020 realisierte ich: Dada kann auch faschistisch sein. Denn am dem Stichwort „Irrationalität" überschneidet sich beides.

Könnte „DADA" ein Interpretament für die Welt sein, die wir erleben? Wenn Jesus sagte, dass man nur mit den Augen eines Kindes das Reich Gottes sehen kann, dann meinte er das unvoreingenommene Anschauen (θεορειν) der Welt, das zu einem neugierigen und erstaunten „dada" führt. Zugleich kann dieses „dada" für einen Erwachsenen bedeuten: Schau nur hin! Was soll denn das?

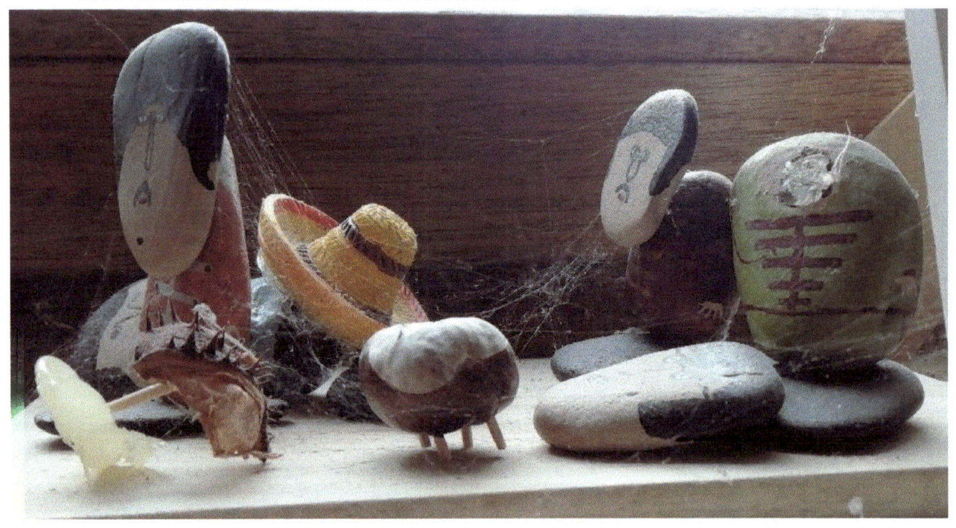

Stones or Beatles? This is the very question!

---

[226] Nach diesem Diktum des Künstlers wurde die Leibl-Ausstellung in der Albertina in Wien (bis Mai 2020) benannt.

17.2 Fazidada

Die Ausgangsfrage hieß: „,Dada'. Taugt dies als hermeneutischer Schlüssel für ein zeitgemäßes Verstehen unserer Welt?" Natürlich wollte ich die Thesenfrage bestätigen.

Wenn du nur noch jaulen kannst wie ein Hund, dem ein Elefant auf den Schwanz tritt, weil sie alle so hirnrissig agieren und reden, dann hilft nur noch eines: **DADA**.

DADA macht den Ernst der Kleinbürger lächerlich und stürzt das Gottesbild des apotheotischen Kapitalismus in den Dreck der prekären Banalität.

Es geht um die Wahrnehmung des Alltags.

„Dada" kann befreien, wenn wir dadaistisch werden wie die Kinder, mit denen und von denen Jesus sprach. „Dada" kann befreien, wenn wir immer wieder auf die Welt um uns herum deuten wie auf den nackten König in Andersons „Des Königs neue Kleider". Bei Dada ist der Ernst witzig und sind die Witze ernst. Das macht monumentale Diktaturen rissig.

Dada ist der Champagner von Philosophie und Kunst.

Prost! Le Chaim! Zum Wohlsein!

18 Literatur

Anarcho-Sprüche „Eigentum ist Diebstahl 1982
Elger, Dietmar, Dadaismus (Taschen)
Gieschen / Meier, Der Fall ‚Christkind' mit einem Gutachten von V. Schoßwald
Hausmann, Raoul, „AM ANFANG WAR DADA"
Korte, H. / Kupczynska, K., „Dada zum Vergnügen"
Marti, Kurt, „Nacy Neujahr & Co."
Andy Warhol Biographie
Sanouillet, Michel, Dada von Max Ernst bis Marcel Duchamp (Pawlak)
Schoßwald, Volker, „Die Sgt. Pepper Generation „
Schoßwald, Volker, The Beatles go Dada
Sponti-Sprüche „Es wird Zeit, dass wir lieben" 1982
Sponti-Sprüche „Ich geh kaputt – gehst Du mit?" 1981
Sponti-Sprüche „Nimm's leicht, nimm mich"1983
Sponti-Sprüche „Ohne Dings kein Bums" 1984
Staeck, Klaus, Die Kunst findet nicht im Saale statt

Bisher erschienen von Volker Schoßwald:
Sachbücher:
    Albert Schweitzer, Antizipationen des Reiches Gottes
    Allmacht: Ist Gott wirklich allmächtig?
    Da war doch was… Facetten der Vergangenheit
    Die Sgt. Pepper Generation
    Lucy, der Himmel und ich
    Martin Luther King – der letzte Prophet
    Rebellen der Reformation
    Rekrut am Rande eines Völkermords
    The Beatles go Dada
    Dietrich Bonhoeffer als Seelsorger und Zeitgenosse
Roman:
    Lucy, der Himmel und ich
Kinder- und Jugendbücher
    Lolo, Bibi und Piccolina, das Eselchen (Toskana)
    Lolo, Bibi und die Mumie (Berlin)
    Lolo, Bibi und die goldene Madonna (Schwabach)
    Lolo und Bibi für Erstleser (Gekürzte Sammlung Band 1-3)
    Lolo und das Maul des Löwen (Tanzania)
    Lolo und Bibi und die Lady von Kerry (Irland)
    Der Arzt im Dschungel Afrikas (Albert Schweitzers Geschichten)
    Käpt'n Windpocke (Reise um die Erde)
    Volkys Kaspertheater (Stücke)

19 Index